A INDIVIDUALIDADE NUMA ÉPOCA DE INCERTEZAS

Obras de Zygmunt Bauman:

- 44 cartas do mundo líquido moderno
- Amor líquido
- Aprendendo a pensar com a sociologia
- A arte da vida
- Babel
- Bauman sobre Bauman
- Capitalismo parasitário
- Cegueira moral
- Comunidade
- Confiança e medo na cidade
- A cultura no mundo líquido moderno
- Danos colaterais
- O elogio da literatura
- Em busca da política
- Ensaios sobre o conceito de cultura
- Estado de crise
- Estranho familiar
- Estranhos à nossa porta
- A ética é possível num mundo de consumidores?
- Europa
- Globalização: as consequências humanas

- Identidade
- A individualidade numa época de incertezas
- Isto não é um diário
- Legisladores e intérpretes
- Mal líquido
- O mal-estar da pós-modernidade
- Medo líquido
- Modernidade e ambivalência
- Modernidade e Holocausto
- Modernidade líquida
- Nascidos em tempos líquidos
- Para que serve a sociologia?
- O retorno do pêndulo
- Retrotopia
- A riqueza de poucos beneficia todos nós?
- Sobre educação e juventude
- A sociedade individualizada
- Tempos líquidos
- Vida a crédito
- Vida em fragmentos
- Vida líquida
- Vida para consumo
- Vidas desperdiçadas
- Vigilância líquida

Zygmunt Bauman
Rein Raud

A INDIVIDUALIDADE NUMA ÉPOCA DE INCERTEZAS

Tradução:
Carlos Alberto Medeiros

Copyright © 2015 by Zygmunt Bauman e Rein Raud

Tradução autorizada da primeira edição inglesa, publicada em 2015 por Polity Press, de Cambridge, Inglaterra

Grafia atualizada segundo o Acordo Ortográfico da Língua Portuguesa de 1990, que entrou em vigor no Brasil em 2009.

Título original
Practices of Selfhood

Capa e imagem
Bruno Oliveira

Preparação
Angela Ramalho Vianna

Indexação
Gabriella Russano

Revisão
Eduardo Monteiro
Tamara Sender

Dados Internacionais de Catalogação na Publicação (CIP)
(Câmara Brasileira do Livro, SP, Brasil)

Bauman, Zygmunt, 1925-2017
   A individualidade numa época de incertezas / Zygmunt Bauman, Rein Raud ; tradução Carlos Alberto Medeiros. – 1ª ed. – Rio de Janeiro: Zahar, 2021.

   Título original: Practices of Selfhood.
   ISBN 978-65-5979-025-8

   1. Civilização moderna - Século 21 2. Identidade coletiva 3. Self 4. Self (Filosofia) I. Raud, Rein. II. Título.

21-70825   CDD: 126

Índice para catálogo sistemático:
1. Self : Filosofia 126

Cibele Maria Dias – Bibliotecária – CRB-8/9427

[2021]
Todos os direitos desta edição reservados à
EDITORA SCHWARCZ S.A.
Praça Floriano, 19, sala 3001 – Cinelândia
20031-050 – Rio de Janeiro – RJ
Telefone: (21) 3993-7510
www.companhiadasletras.com.br
www.blogdacompanhia.com.br
facebook.com/editorazahar
instagram.com/editorazahar
twitter.com/editorazahar

· Sumário ·

Prefácio   *7*

1. Para começar   *13*

2. Selves na linguagem   *33*

3. Selves em atuação   *55*

4. Autorrealização   *78*

5. Selves conectados   *97*

6. A composição dos selves   *127*

Posfácio – ZB   *151*

Posfácio – RR   *162*

Notas   *173*
Referências bibliográficas   *177*
Índice remissivo   *181*

· Prefácio ·

Nós começamos a conceber a ideia deste livro durante um curso de inverno na Universidade de Talin, na Estônia, em que Zygmunt foi o principal orador e Rein, um dos integrantes da comissão organizadora. Um dos eventos do curso era o debate entre nós, aberto ao público, sobre muitos dos temas também tratados neste volume. O tempo de uma hora dedicado à discussão evidentemente ficou longe do necessário; ela prosseguiu durante o jantar e migrou para nossa correspondência, logo assumindo um formato mais estruturado e organizado das ideias que vêm nos intrigando em torno de um foco nuclear, um conceito que acreditamos ser de fundamental importância para qualquer discussão sobre o mundo atual: o de individuação.

Como o indivíduo percebe sua posição no mundo? Somos determinados por nossa herança genética, circunstâncias sociais e preferências culturais – e apenas levados a acreditar que tomamos nossas próprias decisões? Quem é responsável por isso? Os outros indivíduos são do mesmo modo determinados? Ou somos autônomos – no todo ou em parte –, e, assim sendo, em que grau? Somos ou não suficientemente autônomos para controlar e alterar o legado que o destino nos transmitiu? De que modo surge a individualidade? Será que ela segue o mesmo padrão de desenvolvimento em todas as pessoas, todas as culturas, todas as épocas? Ou seria ela própria uma construção sociocultural, a ser considerada em seu contexto histórico? Em caso positivo, o que está acontecendo agora – os padrões de individualidade estariam mudando no mundo atual? A tecnologia contemporânea nos concede mais autonomia ou nos induz a abdicar das liberdades que possuímos?

Um monte de perguntas... Todos os dilemas dos quais elas provêm poderiam ser projetados no mesmo eixo – no qual uma das extremidades se chama destino e a outra, escolha e liberdade. Apesar da ampla bibliografia de estudos sociais e psicológicos que essas perguntas inspiraram e continuam a inspirar, poucos evocam respostas óbvias (e acima de tudo confiáveis, para não dizer definitivas). E por bons motivos: algumas indagações são importantes exatamente pelo diálogo contínuo que elas produzem. De qualquer forma, fundamentais como sejam "para qualquer discussão sobre o mundo atual", e também para a percepção do lugar nele atribuído ou adquirido por seus habitantes – assim como a capacidade (ou incapacidade) de eles mudarem seu destino –, as pessoas que enfrentam esse ambiente anseiam exatamente por essas respostas. Foi por isso que sentimos necessidade de revisitar as teorias do self apresentadas em vários lugares e tradições culturais, avaliando seus potenciais de estímulo e frustração; ocasionalmente identificar algumas áreas ainda não exploradas; e sugerir – ainda que de forma experimental – alguns caminhos novos e originais que vale a pena seguir.

É desnecessário dizer que mantivemos o tempo todo a consciência de que é absolutamente impossível encontrar ou construir respostas finais, definitivas, infalíveis; e que a principal causa dessa dificuldade não é tanto a insuficiência (temporária e superável) de nosso conhecimento, mas a natureza do mundo que habitamos – assim como nosso modo humano, fundamentalmente humano, de habitá-lo.

Em resumo: a sabedoria popular insiste em afirmar que conhecer significa controlar, cega para o fato de que o poder de controle do conhecimento depende de sua capacidade de prever com precisão os efeitos de nossas ações; o problema, porém, é que nosso mundo pode ser tudo, menos definitivo. Para o bem ou para o mal, estamos destinados à incerteza: para o mal porque ela é uma fonte inesgotável de nossa miséria; e para o bem porque ela é também a principal causa de nossa glória – da inventividade e da criatividade humanas, assim como de nossa capacidade de transcender, um a um, os limites que a incerteza impõe ao potencial humano.

Uma forma de ver a situação nos é sugerida pelos estudos de Ilya Prigogine, ganhador do Prêmio Nobel,* um grande cientista natural e também filósofo da ciência. A essência de sua mensagem foi transmitida pela advertência de que: "Obviamente, quando os peixes vieram para a terra, nem todos o fizeram. Quando os macacos se tornaram humanos, nem todos o fizeram."[1] Isso, numa forma idealmente condensada, resume a visão de mundo estimulada pelo "fim das certezas" e suas consequências para a ciência moderna.

"A ciência clássica enfatizava a ordem e a estabilidade; agora, por contraste, vemos flutuação, instabilidade, escolhas múltiplas e previsibilidade limitada em todos os níveis de observação."[2] Segundo a ciência clássica, as probabilidades são "estados da mente [ignorante ou insuficientemente informada], e não estados do mundo". Entretanto, "quando as probabilidades são incluídas na formulação das leis básicas da física, o futuro não é mais determinado pelo presente";[3] nessa perspectiva, a própria ciência não pode reivindicar a certeza absoluta, assim como a probabilidade não pode ser identificada com a ignorância.[4] "O futuro não é mais dado", conclui Prigogine. "Nosso mundo é um mundo em contínua 'construção', governado por leis probabilísticas, e não mais uma espécie de autômato. Somos levados de um mundo do 'ser' para um mundo do 'tornar-se'."[5] Em outras palavras:

---

* Ilya Prigogine recebeu o Prêmio Nobel de Química em 1977, por seus desenvolvimentos na teoria das estruturas dissipativas. (N.T.)

para a maioria das intenções e propósitos práticos, a condição da "incerteza" passou dos domínios da epistemologia (o estudo da cognição) para os da ontologia (o estudo do ser).

E, para resumir uma longa história: agora sabemos, entendemos e acreditamos que a impossibilidade da certeza, assim como a de prever o futuro em termos não probabilísticos, não é um efeito da insuficiência de conhecimento, mas da excessiva e sobretudo ilimitada complexidade do Universo. A história dos seres humanos, assim como a do Universo, necessita ser recontada em termos de "eventos" – algo não inevitável, subdeterminado; algo que poderia acontecer, mas também não. Permitam-nos repetir o que devemos reconhecer, aceitar e reter em nossa mente: a história *não* está dada antes de se transformar no presente (ou seja, de alcançar o momento em que se transforma no passado); em vez disso, como insiste Prigogine, ela está "em perpétua construção" – da mesma forma que a história de qualquer indivíduo, ou seja, sua "biografia".

A convicção corajosa – ou melhor, arrogante – de Pierre-Simon de Laplace, de que, "desde que conheçamos as condições iniciais, podemos calcular os estados subsequentes assim como os precedentes",[6] não pode mais se sustentar – e isso se aplica tanto aos estados do Universo quanto aos dos indivíduos humanos. Quanto a estes, Prigogine cita um manuscrito inédito de Carl Rubino: "Para os seres humanos, homens e mulheres, para nós, a imutabilidade, a liberdade em relação à mudança, a segurança total, a imunidade aos atordoantes altos e baixos da vida virão apenas quando partirmos desta vida, morrendo ou nos tornando deuses." E ele comenta: "Ulisses foi sortudo o bastante por escolher entre a imortalidade, continuando a ser eternamente o amante de Calipso, e o retorno à humanidade, para acabar velho e morrer. No fim, ele escolheu o tempo, e não a eternidade, o destino humano no lugar do destino dos deuses."[7]

Jorge Luis Borges, praticante e teórico admiravelmente sublime das *belles-lettres*, assim como um dos maiores filósofos da condição humana, aceita serenamente as consequências dessa escolha: "O tempo é a substância de que sou feito. É um rio que me arrasta, mas eu sou o rio; é um tigre que me destroça, mas eu sou o tigre; é um fogo que me consome, mas eu sou o fogo. O mundo, infelizmente, é real; eu, infelizmente, sou Borges."[8]

Quais são as implicações dos insights científicos de Prigogine e das eloquentes afirmações de Borges sobre a condição humana? Seria possível falar conscientemente sobre algo chamado "individualidade" num mundo em que a própria certeza tem sido desmistificada? Num lugar e num momento em que não achamos que estruturas rígidas e processos racionalizados sejam o modelo básico para explicar o que quer que seja? Talvez seja mesmo inútil passar de uma visão holística do self humano para suas manifestações particulares na prática social e cultural. Em todo caso, foi esse pressuposto que nos estimulou a avançar em nosso diálogo de um assunto para outro, de um aspecto para outro, e a tentar ver de que modo a individualidade é construída e desconstruída na vida social por meio da linguagem, dos esforços de autoapresentação, de tentativas programáticas de autorrealização – assim como, não menos importante, pela interação com outros selves.

Descrever e tentar desvelar os conteúdos dos enigmas antes relacionados por vezes nos manteve acordados até o dia clarear, verificando e-mails logo de manhã cedo. Tanto os estímulos quanto as provocações nos fizeram rever nossas posições e provar, não apenas um ao outro, mas a nós mesmos, que coisas que considerávamos óbvias realmente o são – e por vezes descobrir que não o são. Mas é para isso que servem os diálogos. Ao apresentá-los a vocês, nossos leitores, esperamos que lhes deem o mesmo prazer que nos deu o trabalho de travá-los.

Zygmunt Bauman
Rein Raud

· 1 ·

Para começar

REIN RAUD: Em certo sentido, talvez se pudesse dizer que a história da modernidade também é a história de determinado tipo de self: o indivíduo basicamente racional, a pessoa singular, no controle de suas ações e responsável por elas, capaz de associar-se a comunidades e causas mais amplas ou delas se dissociar. Na maior parte do tempo, porém, a modernidade igualmente cultivou uma visão da verdade que podemos chamar de científica – a de que deve necessariamente haver, lá fora, uma única, universal e objetiva verdade –, e, portanto, essa perspectiva da individualidade humana também apresentou uma reivindicação de universalidade, de caracterizar a maneira como as pessoas são e têm sido em toda parte e ao longo da história. A variabilidade da ideia de self através do tempo e entre culturas de diferentes tipos é um assunto ao qual eu gostaria de voltar adiante. Por ora, será que poderíamos tentar, talvez, diagnosticar as posições do self no mundo atual?

Desde Freud e Nietzsche, o pensamento ocidental também percorreu um longo caminho ao abandonar a ideia de um indivíduo único, indivisível, autossuficiente e autocontrolável. Pelo menos na teoria. Em nossa prática social, a visão do que somos ainda parece conformar-se a um conceito muito mais simplista do indivíduo como um sujeito da política, da economia e da cultura. A palavra "crise" tem passado, obviamente, por uma inflação bastante acentuada, de modo que não vou falar sobre "crise" da individualidade. Mas, ao mesmo tempo, ainda parece bem claro que, nas condições da "modernidade líquida", para usar uma expressão sua, essa visão herdada da individualidade não é mais adequada ou funcional.

ZYGMUNT BAUMAN: Nenhuma discordância quanto ao que foi dito: com efeito, a "história da modernidade" é também a história "de certo tipo de self". Mas que tipo de self? Ou melhor, que tipo de "modalidade existencial"? A meu ver, foi esta última que mudou radicalmente com o advento da modernidade.

Eu afirmo que essa modalidade passou por três alterações fundamentais, ou, em outras palavras, adquiriu três novas qualidades essencialmente modernas. Primeiro, tornou-se objeto de atenção, investigação e contemplação. Em segundo lugar, foi separada, como sujeito, do restante das entidades percebidas, as quais, pela mesma razão, foram classificadas como seus objetos. Finalmente, foi ao mesmo tempo promovida ao status de objeto principal, privilegiado, desse sujeito recém-construído. Observemos que todas essas três propriedades, que definem entre si o "self moderno", foram agregadas e misturadas no manifesto de Pico della Mirandola, de 1486, registrado sob o título inovador de "Oração sobre a dignidade do homem" e destinado a se transformar numa profecia autorrealizável. A "dignidade" do título foi reduzida na "Oração" ao status, trazendo-nos à mente uma notável – e totalmente única – fusão/união do tipo "três em um, um em três", de um violinista, um violino e o beneficiário e juiz da qualidade dos agradáveis sons que o violinista extrai do instrumento.

A primeira qualidade nova (moderna) foi, para empregar a distinção de Martin Heidegger, um resultado da recategorização do "self", da modalidade do *Zuhanden* ("à mão") para a do *Vorhanden* ("disponível"); de algo dado, muito óbvio para atrair qualquer atenção, de fato "oculto sob a luz" de sua obviedade, ignorado e elementar, para uma tarefa: um desafio exigindo um exame atento e que precisava ser estudado em profundidade para ser totalmente compreendido, assumido, confrontado, revisto, aperfeiçoado; em suma, como algo profunda, perpétua e endemicamente problemático.

A segunda das novas qualidades encontrou sua articulação seminal no duo cartesiano formado por sujeito e objeto. Como um sujeito que sente, pensa, planeja e age, o "self" transforma o resto do mundo num agregado de objetos passivos de suas sensações, pensamentos, planos e ações. O *cogito* de Descartes era mais, muito mais que uma pequena contrição para os neopirrônicos, uma declaração de autoconfiança, assim como uma legitimação das ambições do self de buscar a verdade; de uma forma um tanto oblíqua, porém não menos resoluta, foi também um ato de autocoroação: de colocar o self no pico da criação, dotado da dupla prerrogativa de supremo tribunal e legislador-chefe da verdade – não somente um artista capaz de pintar um retrato fiel do mundo, mas potencialmente também o engenheiro-chefe desse mundo cuja verdade se busca, se explora e se decreta. O *cogito* foi calculado para tirar o "self" de sua incerteza existencial, aplacar sua ansiedade também existencial e reverter as relações de dominação e dependência entre o self como sujeito cognitivo e o mundo, o objeto de sua cognição.

A terceira novidade é a tarefa de autoabsorção, autocriação, autoinvestigação e autocontrole do self. O próprio sujeito juntou-se às fileiras dos objetos da devoção cognitiva, dos cuidados e da intervenção criativa do self. O responsável supremo por todas as dúvidas no papel de objeto principal de suas preocupações de construir/reconstruir. Sócrates surpreendeu, desnorteou, confundiu e embaraçou seus conterrâneos atenienses ao sugerir que eles deveriam cuidar de seu πνεύμα ("pneuma"). Eles acharam o apelo incoerente – mas essa contradição em termos se transformou, na era moderna, numa verdade da vida não mais questionada.

Foi Cícero quem cunhou, metaforicamente, o conceito de *cultura animi* ("cultivo da alma"). No terceiro quartel do século XVIII essa ideia ressurgiu na França e, juntamente com o "refinamento" inglês e o *Bildung* ("formação") germânico, entrou no vocabulário fundamental, canônico, do discurso moderno, logo perdendo a memória de suas origens metafóricas. O que esse conceito transmitia era a mensagem da incompletude do trabalho da natureza: os seres humanos não *nascem* humanos, eles *se tornam* humanos – no incessante esforço de autoformação, autoafirmação e autoaperfeiçoamento –, todos eles guiados, dirigidos, auxiliados e instigados pela comunidade humana em que ingressaram ao nascer.

RR: Gostaria de acrescentar uma quarta característica ao status do self moderno: sua relação com o tempo. O self medieval precisava proteger-se do pressuposto da eternidade, por assim dizer, e ser guiado por considerações a respeito do destino da alma imortal. O self moderno, embora sem abandonar imediatamente essas preocupações, começou, mesmo assim, a operar com um cronograma bem diferente. Talvez se possa dizer que isso ocorreu como num filme, quando o foco muda do cenário de fundo para o objeto opaco no primeiro plano, e começamos a vê-lo claramente, mas o fundo se dissipa. Ou, para usar outra analogia, talvez mais adequada: a velocidade da cortina mudou. Numa pintura medieval, que retrata a vida de um santo, achamos perfeitamente natural ver o mesmo homem em diferentes lugares, pois a pintura representa toda a sua existência, nada mais que um momento em comparação com a eternidade. Não é assim na pintura moderna a partir do Renascimento, capaz de captar seus atores numa cena momentânea. É evidente que o self se tornou mais importante quando as coordenadas que delimitam sua existência mudaram da eternidade para algo mais limitado, como o tempo de vida de um único ser humano. O que aconteceu durante esse tempo ganhou muito mais peso. Mas isso também aumentou a responsabilidade individual e tornou possível o ideal da dignidade humana. Ou *Bildung*.

A vida ideal do período anterior era a emulação, a repetição ou encenação de uma matriz preexistente, algo semelhante à *Imitação de Cristo* de Tomás de Kempis (c.1427). Agora, pouco a pouco, a autoformação tornou-se responsabilidade do ser humano como indivíduo, algo irrepetível, totalmente próprio. E assim permaneceu até hoje, ainda que tenha se alterado a forma como se constrói o self. Suponho que isso seja um corolário da ideia de liberdade, se a pensarmos como um estado que caracteriza o modo de alguém ser e estar na sociedade, e não apenas dentro de sua mente.

ZB: "Quando considero a duração mínima de minha vida, absorvida pela eternidade precedente e seguinte – como a lembrança de um hóspede que permaneceu apenas um dia (Livro da Sabedoria 5:15) –, o pequeno espaço que ocupo e que vejo ser engolido pela infinita imensidade do espaço do qual nada sei e que nada sabe sobre mim, fico apreensivo e surpreso por me ver aqui e não lá, agora e não depois."[1] Assim se queixou o grande Pascal em nome de seus contemporâneos. E acrescentou: "A grandeza do homem vem de reconhecer que é um miserável, mas existe grandeza em se reconhecer miserável." "Sabendo, ao contrário dos outros animais, que somos mortais – e sabendo-o desde os primeiros instantes de nossa vida", tendemos a viver à sombra desse conhecimento. Viver à sua sombra, ter consciência da risível brevidade de nossa existência, quando comparada à eternidade do Universo, assim como da miserável pequenez do lugar a que nossa vida será confinada em comparação com a infinitude do espaço, significa saber que "não há razão para eu estar aqui e não ali, agora e não depois". "Não haver razão" significa "não haver significado". Mas a ausência de significado é, para o *Homo sapiens*, uma condição insuportável.

A vida humana é, assim, um esforço incessante para preencher um vazio assustador, *tornar a vida significativa*; ou, alternativamente, esquecer a insignificância existencial da vida ou proscrevê-la, declará-la irrelevante, minimizá-la ou jogá-la num incinerador, deixando-a lá indefinidamente; em suma, tornar a vida suportável – na verdade, capaz de ser vivida – com a consciência de nossa mortalidade. A esse esforço incessante denominamos *cultura*. "Cultura" é outro nome para aquela grandeza que Pascal identificou em nossa miséria comum.

Você está certo, claro, ao assinalar que uma nova relação com o tempo deve se acrescentar como a quarta característica do self moderno – pois nós, modernos, encontramos um remédio para o sofrimento que Pascal lamentou. Eu diria até, reforçando seu argumento, que buscar esses remédios e encontrá-los ou presumir tê-los encontrado é a principal característica do self moderno – na medida em que planejar as formas de tornar a vida suportável a despeito da consciência da mortalidade era, é e provavelmente continuará a ser eternamente o principal motor da cultura e o fio comum de sua história. As formas modernas de enfrentar esse problema são, na verdade, profundamente distintas das pré-modernas.

Creio que a solução cristã foi a mais radical e, com efeito, a mais igualitária de todas as diferentes sugestões que posso imaginar: segundo o cristianismo, todos têm a expectativa de uma eternidade ao mesmo tempo garantida e inescapável (ainda que apenas numa forma espiritual – de alma, não de corpo). Mas se essa imortalidade da alma seria uma bênção ou maldição dependia da maneira como se levasse a vida corporal. Essa solução atribuía ao breve episódio da vida na Terra uma enorme importância como a única oportunidade, sem direito a repetição, de influenciar a *qualidade* da existência eterna. (A pressão para fazer o bem e evitar fazer o mal foi um acréscimo formidavelmente reforçado pelo conceito de pecado original hereditário que definia o jogo, a priori, em favor do Inferno – todos tendo nascido sob o peso da culpa; a menos que se fizesse um grande esforço para superar o terrível fardo do pecado original no curso da vida terrena, as chances de terminar no Inferno superavam as de alcançar o Paraíso.) O destino eterno da alma imortal, indestrutível, só poderia ser influenciado durante seu aprisionamento no corpo carnal – e seria decidido ali, naquele período, de uma vez por todas. Uma vez perdida a carapaça corporal, não haveria chance de ela renegociar sua condição e seu destino.

RR: Há certamente uma conexão entre a alma imortal judaica, responsável perante um único deus, e a gravitação cultural do Ocidente em torno da individualidade. Mas fico imaginando se o cristianismo é realmente tão radical assim. Das três religiões do Livro, talvez o islã tenha desenvolvido essa linha de pensamento numa versão mais categórica, racional e inegociável. Como diz o Corão: "Entre os seres humanos, há também quem adore Deus com restrições: se lhe ocorre um bem, satisfaz-se com isso; porém, se o açoita uma adversidade, renega e perde este mundo e o outro. Essa é a evidente desventura" (22:11). A queda da graça, quando acontece, é absoluta, não existe volta, não importa quanto se possa depois lamentar a ação pecaminosa.

A façanha do cristianismo, em minha opinião, é exatamente o oposto: ele permite ao indivíduo basicamente errar em tudo, e ainda não condena sua alma à tortura eterna se ele realmente se sentir envergonhado pelo mal que cometeu (e pelo bem que não realizou). Evidentemente, há uma diferença de opinião entre, digamos, a rigidez de Calvino e o humanismo de Chesterton ou Dostoiévski, mas a ideia central não é exatamente que a inquestionabilidade do pecado pode ser superada pela graça divina, desde que você a aceite? As sutilezas teológicas sobre se a salvação do indivíduo é predeterminada não devem nos interessar aqui, já que provavelmente também não interessavam ao leigo comum, exceto em tempos de grande turbulência sectária. Ainda assim, não era pelos atos do indivíduo que se alcançava o objetivo, mas pela submissão da pessoa à mais alta autoridade – ou, se preferirmos ser cínicos a esse respeito, à aliança ideológica.

Entretanto, nas religiões indianas, por exemplo, o ponto de partida é radicalmente diferente: a eternidade é o que já temos, muito embora nada nela seja constante. A alma transmigrante do hindu passa por muitas encarnações, e não existe uma autoridade divina única para decidir seu destino, sempre determinado por seus próprios feitos e escolhas. Os budistas levam isso um passo adiante ao afirmar que essa alma é ela própria a extensão ilusória da estupidez e da luxúria fundamentais, sem uma natureza própria, uma criação de circunstâncias que necessitem elas mesmas de superação. Introduções simplificadas ao pensamento budista sustentam que ele caracteriza essas circunstâncias como "sofrimento". Isso não é muito correto, pois o "sofrimento" seria uma condição que se opõe, dentro do mesmo paradigma, a "felicidade" ou coisa parecida, enquanto para os budistas "felicidade" e "sofrimento" guardam entre si uma distância menor do que poderíamos em geral imaginar. Não mais que formas diferentes do mesmo modo de ser, basicamente insatisfatório, a que estamos condenados. Assim, se tomarmos o exemplo de alguma felicidade ou euforia suprema, isso é possível exatamente por essa oposição a algum outro estado do corpo ou da mente. Drogas modernas poderiam prolongar a duração do orgasmo humano, por exemplo. Mas se o orgasmo durasse algumas horas? Duas semanas? Alguém ia preferir vivenciar outra coisa? Que tal seis meses? Ainda seria uma euforia física, ou, em vez disso, uma forma intolerável de tortura?

Assim, a solução, do ponto de vista budista, não é se esforçar e acabar "ganhando" o Paraíso, o que é comparativamente simples, mas abandonar totalmente esses esforços. Porque o Paraíso é sempre temporário. Ele é como as férias, no sentido de ser algo agradável enquanto dura, mas que deve – e vai – chegar ao fim em determinado momento. Todo budista concorda que a condição humana é realmente o lugar ideal para alguém resolver seus problemas, pois o ser humano é inteligente o bastante para entender o que são esses problemas, e livre o suficiente para agir com base nesse entendimento, não importa quão humildes sejam as suas condições. E ela não é tão livre de cuidados que ninguém se mobilize para tentar. Além disso, como afirma a filosofia budista maaiana, não existe uma salvação a ser encontrada em lugar algum, exceto o próprio ambiente em que estamos: não existe nirvana, não existe outro lado, não há uma saída secreta de nossa condição atual, e a única forma de lidar com isso é ver a coisa como ela é, sem se agarrar a ela.

Simone Weil expressou visão semelhante, com a crueldade estrutural característica de seu pensamento, dizendo que "o amor a Deus é puro quando alegria e sofrimento inspiram o mesmo grau de gratidão".[2] Mas ela está se posicionando diante de uma transcendência absoluta (a qual, podemos supor, lhe dá conforto), enquanto os budistas da maioria dos credos estão totalmente por conta própria. Figuras míticas ou mistificadas podem ser auxiliares ou guias, mas não vão fazer o trabalho no lugar dos seres humanos (a variedade japonesa de budismo chamada "Terra Pura" é uma exceção).

Isso também significa que a tradição budista não é tão obcecada com a superação da morte como tem sido o pensamento ocidental. A morte é um aspecto da existência, tal como a vida. Portanto, sim, a morte chega um dia para todos nós, mas há questões mais importantes a considerar.

ZB: Pode-se observar de um ângulo diferente a solução budista para o formidável desafio apresentado pela consciência da mortalidade: quanto poder ela oferece aos mortais sobre sua imortalidade inegociável, inescapável? Não muito, ao que parece: não muito, se medido pelo padrão cristão, em particular por sua ramificação moderna.

Você observa que "a tradição budista não é tão obcecada com a superação da morte como tem sido o pensamento ocidental". Isso é verdade, mas ela deve esse efeito à redução do evento da morte a algo como um estágio-estação ou posto dos correios em que os cavalos cansados costumavam ser substituídos para levar o passageiro por outro trecho da estrada; ou a momentânea "mudança de marcha" numa viagem de carro que, afora isso, é contínua. Para os budistas, a imortalidade é reciclada como uma cadeia infinita de sucessivas reencarnações (corporais, não etéreas!), tendo entre elas alguma conexão causal pressuposta e deduzida, mas incognoscível mesmo em retrospecto, e por essa razão incontrolável. Essa solução é um presente à tranquilidade espiritual – há muito conforto a ser extraído da consciência de que as trajetórias foram firmemente estabelecidas, de modo quase inegociável, por antecipação, ou deixadas para serem decididas cegamente no futuro; em ambos os casos, porém, pouco pode ser feito para influenciar, muito menos determinar, o formato do futuro de alguém.

Posso admirar e adorar a graça etérea das borboletas e sonhar em me transformar numa delas – mas quem pode garantir que será isso que vai me acontecer na próxima encarnação?

Procuro uma resposta inspiradora – infelizmente em vão. O que permanece, como você observou corretamente, "não é se esforçar e acabar 'ganhando' o Paraíso, ... mas abandonar totalmente esses esforços". O quietismo, a aceitação das coisas *tal como elas nos chegam* – em vez de *fazê-las* chegar –, é a receita para a vida nesta e em todas as outras encarnações.

RR: Bem, é um pouco mais complicado que isso, ainda que sua conclusão final seja bastante correta. Entretanto, a principal razão para isso não deve ser encontrada na incapacidade essencial de os seres controlarem seu destino, mas na impossibilidade de afetá-lo por meio de ação programada, orientada para um objetivo. Quando resolvemos um problema, outro tende a aparecer. Evidentemente, o que um ser humano faz afeta de toda forma seu destino futuro, tal como nossas escolhas de nos entregarmos aos prazeres podem levar a problemas de saúde, ou nosso descuido em relação ao meio ambiente pode afetar a herança genética que transmitimos a nossos descendentes, para não mencionar o mundo em si. De maneira similar, somos um produto das escolhas feitas por nossos ancestrais, assim como de nossas escolhas anteriores. É desse modo que, penso eu, podemos interpretar a ideia de carma tendo em vista nossa situação presente. Assim, também, há no budismo muito sentido em praticar as boas ações e evitar as más, pois tanto umas quanto outras deixam suas marcas no futuro.

Outro de seus efeitos é o desenvolvimento das inclinações psicológicas do indivíduo. Por exemplo, numa sociedade que proíbe tudo e onde até a menor expressão de fraqueza humana resulta na violação desta ou daquela lei, é quase inevitável que todas as pessoas, com exceção das mais robóticas, se vejam do lado errado da lei em algum aspecto. Mas isso, por sua vez, pode gerar atitudes niilistas em relação à lei e à legitimidade das próprias autoridades. Algo bom, também, pois pode solapar os sistemas totalitários de modo mais eficiente que os liberais. No entanto, a pessoa que internaliza a ideia de que ser humano, de sua forma particular, equivale a ser um criminoso poderia ser mais facilmente persuadida a fazer alguma coisa ilegal em contextos diferentes de suas circunstâncias bastante estritas. Essa é possivelmente uma das razões pelas quais a ética budista coloca grande ênfase nos pensamentos sobre cometer boas e más ações, pois elas já constituem escolhas que deixarão suas marcas no caráter de uma pessoa – ou, como eles dizem, já produzem um carma correspondente.

No todo, porém, é verdade que esses sistemas de pensamento – e nisso poderíamos incluir também o daoismo – não promovem grandes agendas para mudar o mundo. De meu ponto de vista, isso é muito semelhante à diferença entre o analista acadêmico e o político que interfere ativamente no que acontece. As duas virtudes cardeais do sistema budista são a compaixão e a sabedoria. E compreender como funciona o mundo leva à aceitação das coisas como elas se apresentam, em vez de fazê-las se apresentar, como você diz.

ZB: Tudo que você descreveu é exatamente o oposto, diria eu, da solução *moderna* – na qual se trata apenas de ação, uma ação *deliberada* visando ao controle da trajetória do destino, tornando-o maleável e obediente às resoluções da pessoa (a "sabedoria" budista a que você se refere é precisamente a consciência de que a esperança desse controle é fútil, e de que o grau do controle, se é que pode existir, tende a permanecer não comprovado e desconhecido); e isso fornece ao apelo à ação uma instrução detalhada sobre como proceder para tornar essa ação efetiva. A solução moderna insiste em que é para isso, para obter um controle efetivo sobre a forma da existência eterna de sua alma, que deve ser usado o período da vida terrena, garantindo-lhe, ao mesmo tempo, que isso é algo que você pode realizar, bastando apenas que tente com seriedade. A solução moderna, indo adiante de sua predecessora cristã, categoriza a *própria imortalidade* como algo que precisa ser ganho e também uma chance que se pode perder.

Na solução moderna, a imortalidade é transferida do domínio do destino preordenado para o da realização, e um tipo de realização que, em princípio, jamais seria final e definitiva – pode ser reforçada ou enfraquecida, ampliada ou reduzida no curso infinito do tempo, embora, obviamente, não por seu autor, que não estará presente nem será capaz de acrescentar alguma coisa a suas credenciais; postumamente, após a partida do autor, o status de sua realização se torna refém do destino que ele/ela não controla – e um destino cujos veredictos arbitrários ele/ela não poderia prever com algum grau de certeza, mas somente adivinhar, de modo correto ou incorreto –, como vai mostrar o futuro, reconhecidamente volátil, sempre mudando sua avaliação, revogando-a ou reafirmando-a. Uma pessoa pode defender suas apostas tentando comportar-se da forma como as opiniões da época consideram a melhor maneira de ganhar um espaço na memória agradecida da posteridade, porém, não mais que isso. O resto – uma cidadela segura na memória coletiva e/ou na forma das coisas que estão por vir, ou sua ausência – não é o que os próprios autores sejam capazes de predeterminar (muito menos plenamente), não importa quanto tentem.

Essas características essenciais da "solução moderna" não se alteraram com a passagem para a "pós-modernidade", "modernidade tardia", "segunda modernidade" ou, na verdade, "modernidade líquida", como eu prefiro denominar nossa condição atual. Mas as táticas voltadas para promover essa estratégia moderna foram e continuam a ser enriquecidas a um ritmo acelerado, sempre acrescentando dispositivos e estratagemas apenas vagamente imaginados – se é que o foram – por volta de quinze anos atrás; mais provavelmente encontrados então, se possível, nos textos de ficção científica. Eu me arriscaria a sugerir que o centro de gravidade da busca atual de novas maneiras de "destoxificar" o ferrão da irritante indefinição da imortalidade (assim como de ajustar o sonho da imortalidade para que possa ser empregado a serviço da lucratividade econômica) é transferi-lo do domínio do entretenimento (oferecendo, se não a própria imortalidade, uma "experiência" dela, disponível desde já, pronta para consumo instantâneo, e assim rebaixando sua visão das alturas fantasiosas, inatingíveis, da eternidade indefinida para a categoria dos produtos ao nosso alcance, na verdade para a de um alimento servido e digerido diariamente) para o da *tecnolo-*

gia; mas permita-me enfatizar de pronto que, quer ainda em seu hábitat anterior, quer transferida para o domínio da tecnologia, a ideia de imortalidade continua consistentemente – de modo gradual, mas contínuo – a ser privada de sua aura de santidade; foi desprovida do encanto, profundamente profanada e comodificada. Ela está se transformando num objeto de desejo em meio a muitíssimos outros, que os mercados estão ávidos por fornecer e que o dinheiro (pelo menos muito dinheiro) pode comprar.

De uma forma ou de outra, a presente passagem da mais terrível e insuperável das preocupações humanas para o domínio da tecnologia parece constituir outro exemplo do "complexo de Prometeu" e da consequente "inveja de Prometeu" (o terror, a raiva e a inveja que tomam conta de nós quando vemos artefatos produzidos pelo homem manifestando mais habilidade e destreza do que nós, seus produtores, possuímos ou podemos adquirir) já diagnosticados meio século atrás por Günther Anders como um dos atributos mais ameaçadores de nossa era tecnológica. E agora a velocidade e a precisão dos cálculos digitais se tornam a principal causa, assim como o principal alvo, dessa inveja de Prometeu.

Como Kevin Warwick – aparentemente o primeiro ser humano a tentar dar um "upgrade" no próprio corpo inserindo dispositivos digitais em seu cérebro, e que descreveu sua experiência com muitos detalhes e em termos grandiloquentes – afirmou (ou permitiu que seus editores colocassem no anúncio de seu livro-manifesto): "Acreditando que máquinas com inteligência muito superior à dos seres humanos acabarão tomando decisões importantes, Warwick investiga se podemos evitar a obsolescência usando a tecnologia para aumentar nossas capacidades comparativamente limitadas." O raciocínio subjacente a essa decisão de inserir um computador em nosso corpo (nossos ancestrais distantes costumavam comer e engolir seus inimigos acreditando que esse ato iria transferir para seus corpos o poder dos adversários) nos é ensinado pelas palavras do próprio Warwick, registradas bem no início do capítulo introdutório: "Embora o destino me tenha feito humano, ele também me deu o poder de fazer alguma coisa a esse respeito. A capacidade de me alterar, de aperfeiçoar minha forma humana com a ajuda da tecnologia. Conectar meu corpo diretamente ao silício; tornar-me um ciborgue – meio homem, meio máquina."[3]

Por minha falta de competência profissional, eu não ousaria fazer um prognóstico sobre a possível viabilidade tecnológica do projeto de "conectar o corpo diretamente ao silício". Mas a mente de um número crescente de especialistas, assim como muito dinheiro, está sendo investida para tornar isso possível – e, portanto, talvez plausível. Em fevereiro de 2011, Dmitri Itskov, oligarca russo, convocou os principais sábios da informática e da neurociência a se juntarem à sua "Iniciativa 2045", cujo objetivo, segundo o resumo da versão inglesa da Wikipédia, é conceber

> um corpo humanoide artificial (chamado Avatar) e um sistema avançado de interface cérebro-computador. Do lado biológico, será desenvolvido um sistema de suporte à vida com a finalidade de abrigar um cérebro humano dentro do Avatar e mantê-lo vivo e funcional. Uma fase posterior do projeto irá pesquisar a criação de um cérebro artificial para o qual a consciência individual original pode ser transferida.

Itskov presenteou os cientistas por ele reunidos com uma espécie de "mapa rodoviário" dividindo o itinerário planejado em estágios consecutivos do progresso técnico-científico exigido. Por volta de 2020, "uma cópia robótica do corpo humano remotamente capaz de interpretar ordens diretamente transmitidas pela mente, e de lhe enviar de volta informações de modo que possa ser interpretada pela interface cérebro-computador", estará disponível; por volta de 2030, "um Avatar com cérebro artificial para o qual uma personalidade humana é transferida ao fim da vida de uma pessoa"; e, finalmente, para 2045, planeja-se "um avatar do tipo holograma". Permita-me acrescentar que a tentativa prática de transferir habilidades humanas para computadores (processo moldado segundo o padrão das habilidades manuais já transferidas quase totalmente para máquinas operadas por computador) já está a pleno vapor.

Com o foco da atenção passando – ou sendo transferido – para o domínio da tecnologia, outra mudança seminal, embora também previsível, parece estar ocorrendo: da esfera espiritual para a corporal. A nova tecnologia levou a ideia da imortalidade corpórea, antes reserva exclusiva dos profetas do Segundo Advento e dos autores de ficção científica, para o universo do prático e do realístico. A engenharia genética, a biônica, a tecnologia da ciborguização e, não menos importante, a clonagem, todas elas prometem a imortalidade do corpo – ou, pelo menos, a duração infinitamente prolongável de sua "utilizabilidade". Em *A possibilidade de uma ilha*, de 2005, talvez a mais poderosa, elaborada e aparentemente realista – e também assustadora – das utopias desde Zamiatin, Orwell ou Huxley, Michel Houellebecq conectou a perspectiva da transferência da personalidade humana, juntamente com sua memória, à tecnologia da clonagem, já em desenvolvimento – para imaginar a forma atualizada e tecnologicamente viável em que a eternidade da vida pessoal pode ser atingida e pintar, em cores chocantes, as consequências sociais e psíquicas desse feito para os neo-humanos.

Sem ser um especialista em nenhuma das tecnologias supracitadas, e portanto obrigado a me basear nas opiniões de experts conhecidos por suas controvérsias, sou evidentemente inapto para avaliar se, e em que medida, essa promessa é garantida. Só posso notar o impacto que a própria presença dessa promessa, tornada ainda mais confiável por cortesia de uma mídia ávida por novidades, já está tendo a forma do medo/pavor popular da mortalidade, assim como o desejo que ela provoca, e a direção em que ele tende a ser canalizado – ou as condutas por meio das quais as preocupações e apreensões daí resultantes tendem a ser aliviadas.

Tendo dito tudo isso sobre as mais recentes novidades na história inacabada, e provavelmente interminável, do romance dos mortais com a imortalidade, permita-me da mesma forma recuar por um momento quatro e meio milênios, até o "Épico de Gilgamesh": "Encha a barriga de coisas boas; dia e noite, noite e dia, dance e seja feliz, faça banquetes e se alegre. Use roupas limpas. Mantenha a cabeça lavada. Banhe-se em água. Acaricie a criancinha que segura a sua mão e faça feliz sua mulher com seu abraço" – assim falou Siduri, a mulher que fazia vinho, a Gilgamesh, tendo primeiro lhe relembrado que essa expedição à terra da imortalidade está condenada ao fracasso, pois, "quando os deuses criaram o homem, eles lhe atribuíram a morte". Mas, em absoluta oposição à advertência de Siduri, essa foi a resposta de Gilgamesh à queixa de seu companheiro e amigo do peito, Enkidu, de que "o grito de dor fica grudado em minha garganta, sinto-me oprimido pela indolência": "Vou para o país em que cortam o cedro. Vou colocar meu nome no lugar em que se escrevem os nomes dos homens famosos, e, onde o nome de nenhum homem estiver escrito, vou erguer um monumento aos deuses. Em consequência do mal que está na terra, nós iremos para a floresta e a destruiremos."

Essas foram, creio eu, as duas primeiras respostas registradas de seres humanos à descoberta de sua humana – demasiadamente humana – mortalidade, à qual haviam sido condenados (registradas, observe-se, ainda em caracteres cuneiformes: um milênio e meio antes da *Ilíada*). Uma terceira resposta – será que já foi encontrada? O júri (se existe algum!) ainda não chegou a um veredicto.

E permita-me um último adendo – uma citação do livro *Death*, de Todd May, trazido recentemente à minha atenção por minha filha, Anna Sfard. A morte, sugere o autor, é "uma doença cuja cura, se existisse, seria pior que a própria doença". Sinceramente, eu concordo. E foi assim que o próprio Todd May explicou o sentido de sua sugestão numa entrevista concedida a Matt Bieber: "A trajetória [da vida] é limitada, e, portanto, é importante a impressão que essa trajetória deixa e a impressão que ela vai deixar."[4] Em outras palavras, sem mortalidade a vida não teria significado. É graças à consciência da mortalidade, uma "mortalidade vivida", que ela o possui. Tal como, algumas décadas antes de Todd May, o grande filósofo ético Hans Jonas insistiu, é graças à nossa consciência da mortalidade que os dias contam e nós os contamos. Essa é a verdade que Jorge Luis Borges, em seu memorável conto "O imortal", narrou de modo tão belo e convincente, sem deixar espaço para dúvida. Uma verdade que os animais, fossem eles capazes de compor e escrever narrativas, com toda a certeza endossariam. Mas eles não compõem narrativas, nem poderiam compô-las, caso o quisessem – mas não podem querer. E não admira. Afinal, pelo que sabemos, enquanto estiverem vivos, eles são imortais.

RR: Sim. E não é apenas um projeto utópico de um empresário ambicioso ansiando pela imortalidade. A acreditarmos em Stephen Hawking, essa antiga ideia proclamada por décadas pela ficção científica agora se aproxima da realidade, tal como aconteceu com muitas outras: embora o atual estágio da ciência ainda não o permita, é bem possível que, num certo momento, se desenvolva uma tecnologia que capacite seus detentores a fazer um upload do cérebro humano para o ciberespaço. "Acho que o cérebro é como um programa na mente, é como um computador, de modo que é teoricamente possível copiar o cérebro num computador e assim propiciar uma forma de vida após a morte", disse ele.[5] Em outras palavras, se houver partes do cérebro que não funcionem como um software de computador, elas não têm importância e podem ser descartadas. É exatamente aqui que devo distinguir-me dos tecno-otimistas. Mesmo que eu não consiga prová-lo cientificamente, não creio que a linguagem humana (no sentido mais amplo do termo, incluindo todas as formas de notação, representação convencional, e assim por diante) venha algum dia a ser capaz de descrever exaustivamente a realidade. De modo que existe sempre alguma coisa que continua fora de nosso alcance.

Podemos produzir cópias quase verdadeiras de qualquer coisa, mas cópias quase verdadeiras é o que elas são – *quase* verdadeiras. As máquinas, ao que parece, já são capazes de imprimir em 3-D órgãos de corpos vivos em funcionamento, mas me recuso a acreditar que elas sejam – como poderia dizer? – estruturalmente iguais aos órgãos que realmente cresceram dentro desses organismos. O que não quer dizer que não haja um maravilhoso desenvolvimento tecnológico capaz de prolongar a vida e aliviar o sofrimento de muitas pessoas – tal como já ocorreu com auxílios tecnológicos à nossa saúde e ao nosso ser. Nesse sentido, seria a entrada de computadores em nosso organismo um fato tão fundamentalmente diferente da de pernas de madeira, óculos e marca-passos? É porque podem calcular que os computadores são mais estranhos que essas outras coisas? Ou será porque o consumidor-alvo da biotecnologia contemporânea é alguém que não tem, para início de conversa, um problema de saúde – alguém que deseja reforçar e alterar a condição humana, por meio de um upgrade tecnológico, para além de nossas capacidades atuais?

ZB: Compartilho suas premonições e apreensões. Você teme, como eu, que alguns poderes humanos cruciais sofram em consequência de sua transferência para computadores cujo objetivo – no qual muitos acreditam – é expandi-los e aperfeiçoá-los. Gostaria de dar só mais uma razão para temer a expropriação das capacidades mentais humanas pelos computadores.

Os poderes criativos dos homens podem estar ligados precisamente às inadequações da linguagem humana que os designers de computadores pretendiam eliminar – e muitos viam os computadores como a promessa de eliminá-las. Edmund Leach,[6] um dos antropólogos mais perspicazes do século XX, fortemente influenciado pelo projeto e pelas práticas estruturalistas de Claude Lévi-Strauss, encontrou a origem da conhecida inquietude da cultura e do potencial humanos, assim como da inclinação e do impulso humanos inatos em relação à transcendência, na endêmica – e, nessa visão, inescapável – deficiência da linguagem (qualquer linguagem "natural"): em sua inata e conata incapacidade de alcançar uma precisão ideal identificada como *Eindeutigkeit* ("não ambiguidade") – sua própria ambição e/ou pretensão de "re-presentar" a realidade *de maneira não ambígua*.

A deficiência em questão, segundo Leach, é a insuperável discrepância entre a inerente *singularidade* dos campos semânticos das palavras (indispensável para que se realize a função comunicativa da linguagem) e a consistente *continuidade* do real. Os resultados inevitáveis e incuráveis dessa discrepância são biformes. De um lado, "pontos em branco" deixados entre os campos semânticos "nomeados" da experiência; é por esse motivo que a realidade, como você corretamente aponta, nunca seria "exaustivamente descrita". Do outro, alguns campos semânticos superpõem-se parcial ou marginalmente, gerando assim espaços de experiência sobrecarregados de significados – significados muitas vezes contraditórios e inconciliáveis.

O primeiro resultado desperta o espírito exploratório nos sujeitos humanos – tendentes como somos a vagar além do domínio do rotineiro e do familiar em direção a territórios novos, estranhos e escassamente mapeados. A busca de um conjunto estabelecido de conexões entre estímulos e reações, percepções e padrões de conduta, dos quais necessitamos desesperadamente a fim de prosseguirmos com confiança e nos mantermos livres de movimentos equivocados, destina-se a permanecer eternamente inconclusa: a história do conhecimento (incluindo sua história futura) pode ser recontada como uma história de explorações e descobertas, de nomear e preencher os sucessivos "pontos em branco" no mapa do *Lebenswelt* ("mundo da vida"). O segundo resultado, porém, é a presença impertinente e irritante, dentro do *Lebenswelt*, de espaços lotados por um excesso de significados: sobrecarregados por sentidos mutuamente incompatíveis, evocando/estimulando padrões de ação contraditórios e resistindo a uma escolha direta, ainda mais sendo óbvia e evidente, entre eles. Em suma, essa é a criação de áreas de percepção confusas e desconcertantes, tornando uma ação efetiva difícil ou simplesmente impossível: espaços de ambivalência, desorientação e frustração.

Permita-me, por favor, fazer uma citação de meu antigo estudo *Modernidade e ambivalência*:

A ambivalência, possibilidade de conferir a um objeto ou evento mais de uma categoria, é uma desordem específica da linguagem, uma falha da função nomeadora (segregadora) que a linguagem deve sempre desempenhar. O principal sintoma de desordem é o agudo desconforto que sentimos quando somos incapazes de ler adequadamente a situação e optar entre ações alternativas. ... A ambivalência é um subproduto do trabalho de classificação e convida a um maior esforço classificatório.[7]

Esses novos e aperfeiçoados esforços classificatórios, eternamente renovados na esperança de se obter maior transparência no mundo e maior capacidade da pessoa de agir nele e sobre ele, são motores da história cultural, particularmente intensos na era moderna. Acima de tudo, eles agora são conscientes e foram colocados no centro das atenções – transformados em objetos de um cuidado sistemático, contínuo e infatigável.

Podemos dizer que a existência é moderna quando está saturada de um sentimento de "Sem nós, o dilúvio". E isso significa: quando se declara guerra a toda e qualquer ambivalência e às áreas particularmente propensas a gerá-la e resistentes ao "ordenamento", essas áreas "nem aqui nem ali", sobrecarregadas de significados divergentes e discordantes, são (para usar a sugestão de Leach) transformadas em tabu: suprimidas ou, se possível, eliminadas. O espírito moderno declarou ser uma tarefa *humana* o trabalho de fazer os seres humanos se sentirem confortáveis e *chez soi* no mundo. Tarefa humana – demasiadamente humana. E *apenas* humana.

· 2 ·

Selves na linguagem

REIN RAUD: A relação da individualidade com a linguagem é de fato crucial. Eu diria que temos aqui dois conjuntos de temas distintos, que poderíamos preliminarmente distinguir como "internos" e "externos", muito embora o indivíduo nem sempre esteja consciente dessa diferença. O repertório "interno" das ferramentas linguísticas que nós usamos para entender o mundo, tanto em silêncio quanto em comunicação com os outros, não deveria ser misturado com o modo pelo qual as formas como falamos nos faz parecer "externamente" a nossos interlocutores. Claro, são lados da mesma moeda, mas acho que os processos de autoconceituação e autoapresentação, ambos intencionais e espontâneos, ainda parecem relativamente independentes entre si, ao mesmo tempo que são afetados por uma multiplicidade de outros fatores. Assim, creio ser razoável abordar um de cada vez.

Você está muito certo sobre os limites da linguagem. Não tenho tanta certeza sobre se é realmente plausível falar de campos semânticos totalmente superpostos compartilhados por diferentes pessoas e/ou situações. Como sugeriram antropólogos cognitivos e alguns linguistas, na verdade, não operamos com conceitos, mas com "esquemas" e "arcabouços", ou seja, construções que permitem a todo usuário da palavra correspondente preencher alguns espaços vazios ou realçar algumas nuances em sua mente.

Palavras como "casa", "cachorro" ou "vovô" evocam imagens muito diferentes para cada pessoa que as emprega. Além disso, Dan Sperber e Deirdre Wilson sustentaram de modo muito convincente que, quando duas pessoas conversam entre si, cada uma compreende talvez 70% do que a outra diz.[1] Não surpreende, contudo, que seja suficiente para uma comunicação bem-sucedida, porque aprendemos a viver com isso.

Da mesma forma, Yuri Lotman, um dos fundadores da semiótica cultural, mostrou que "a funcionalidade de um sistema de signos altamente complexo não pressupõe absolutamente a compreensão total, mas um estado de tensão entre a compreensão e a não compreensão".[2] Lotman está mais preocupado com o uso artístico da linguagem, mas o mesmo princípio se aplica em toda parte. Entretanto, isso não é necessariamente algo apenas negativo. A ambivalência que você diagnosticou de forma tão adequada também pode ser vista no lugar em que nossos selves vêm a existir a cada momento em que entram em contato com seu mundo e devem fazer uma escolha sobre como o compreendem. Superar a ambivalência – quer dizer, para nossos propósitos "internos" – pode ser visto como uma forma de autorrealização, uma atividade que torna o mundo que habitamos mais plenamente nosso, muito embora jamais possamos superar de todo essa ambivalência. Nem deveríamos. A ambivalência do mundo é um desafio que nos mantém vivos. Claro, nem tudo que nos mantém vivos sempre é agradável, desejável ou mesmo fácil de admitir, mas a alternativa – viver sem a ambivalência – provocaria a perda daquilo que nós *somos*.

Assim, se há um significado estrito a ser encontrado em algum lugar que seja, talvez devêssemos procurá-lo entre os tipos de palavra que se referem a conceitos impessoais, ideias definíveis que não vivenciamos diretamente, por exemplo, fórmulas científicas ou termos jurídicos. Mas estes últimos, pelo menos, são intensamente debatidos a cada passo, porque qualquer conflito real, particular, de interesses, exige sua aplicação às experiências pessoais dos seres humanos que os interpretam em suas diferentes maneiras individuais. Mas essa é apenas a forma como olhamos para tudo. Assim, num certo sentido, cada um de nós vive numa narrativa predominantemente escrita por nós mesmos.

Ora, isso parece implicar uma pequena contradição. De um lado, nós existimos, em parte, pela superação da ambivalência do mundo – comunicando-nos com ela, por assim dizer; de outro, porém, tendemos a integrar tudo aquilo em que tocamos numa teia construída por nós mesmos – a "teia de significados" de Weber e Vygotsky. Estamos, por assim dizer, observando a escuridão com uma lâmpada na mão. O que eu gostaria de sugerir, contudo, é que a forma de enxergar a linguagem que pressupõe transparência e adequação é ela própria imperfeita, ainda que pareça muito lógica ou mesmo natural. Em sua forma pura, essa perspectiva surgiu apenas como um fenômeno moderno, não surpreendentemente, na obra de Descartes, que escreveu, em carta a Mersenne, em 20 de novembro de 1629:

> Se alguém fosse explicar quais são as ideias simples da imaginação humana das quais se compõem os pensamentos humanos, e se sua explicação fosse aceita em geral, eu ousaria ter a esperança de uma língua universal muito fácil de aprender, falar e escrever. A maior vantagem de uma língua assim seria a ajuda que ela daria à avaliação dos homens, representando os assuntos tão claramente que seria quase impossível cometer erros.[3]

Essa língua universal seria de fato totalmente transparente, e, se possível, as línguas naturais começariam então a parecer desvios desse ideal sintético. A questão é exatamente que esse tipo de linguagem é impossível, em princípio, pelo menos para qualquer um que compartilhe a condição humana. Em primeiro lugar, porque a possibilidade de cometer erros é uma condição sine qua non de ser humano ou de estar vivo, de maneira geral. De que outra forma poderiam aparecer coisas novas? E, em segundo lugar, porque um sistema unificado e padronizado de ideias simples impossibilita a individualidade ou reduz o nível de combinação de elementos de um conjunto limitado, imutável. Mas decerto é compreensível o modo como esse tipo de pensamento pode levar a fantasias sobre cérebros humanos capazes de passar por um upload.

ZYGMUNT BAUMAN: A *Eindeutigkeit* – não ambiguidade – da linguagem é e continua a ser, repito, a estrela-guia do espírito moderno. Essa estrela leva seus portadores de um avanço estonteante a outro, mas nem um centímetro mais perto da "teoria do tudo", para a qual, segundo creem os físicos de vanguarda na atualidade, ela aponta, ou do lugar em que essa "linguagem universal muito fácil de aprender, falar e escrever" deveria ser encontrada, como esperava Descartes. Mas será que a ausência exasperante de uma adequação entre palavras e coisas, linguagem e realidade, pode ser superada pela reforma da linguagem? Num artigo sintomaticamente intitulado "Physics's pangolin",[*] Margaret Wertheim escreveu:

> A física teórica é atormentada por um paradoxo que continua tão misterioso em nossos dias quanto era um século atrás: no nível subatômico, as coisas são simultaneamente partículas e ondas. Como a ilusão do pato-coelho descrita pela primeira vez em 1899, pelo psicólogo Joseph Jastrow, polonês naturalizado americano, a realidade subatômica aparece para nós como se fosse constituída por duas diferentes categorias de ser.
>
> Mas há outro paradoxo em jogo. A própria física é dividida pelos arcabouços rivais da teoria quântica e da relatividade geral, cujas diferentes descrições de nosso mundo refletem estranhamente a tensão entre ondas e partículas. Quando se trata do muito grande e do muito pequeno, a realidade física parece ser não uma coisa, mas duas. Enquanto a teoria quântica descreve o reino subatômico como um domínio dos quanta individuais, cheio de ritmos e saltos, a relatividade geral representa os acontecimentos na escala cosmológica como uma valsa solene do espaço-tempo num fluxo

---

[*] Referência ao pangolim, animal semelhante ao tatu, com escamas tão duras que podem arranhar metais. (N.T.)

suave. A relatividade geral é como Strauss – profunda, requintada e graciosa. A teoria dos quanta, como o jazz, é desconectada, sincopada e admiravelmente moderna.

De um lado, assim, a física é considerada a marcha em direção a uma compreensão final da realidade; de outro, é vista como diferente, em status, da compreensão que nos é transmitida pelo mito, pela religião e também pelos estudos literários. Porque passo meu tempo igualmente nos domínios da ciência e das artes, deparo com muito desse dualismo. Dependendo de com quem eu esteja, vejo-me envolvido em dois tipos inteiramente diferentes de conversa. Será possível que estejamos falando sobre o mesmo assunto?

E ela conclui, referindo-se a Mary Douglas, uma incrível antropóloga estrutural:

Para formular nos termos de Mary Douglas, os poderes que foram atribuídos à estrutura de ideias dos físicos foram exagerados. "As tentativas de inserir forçosamente a experiência em categorias lógicas de não contradição" têm, deveríamos dizer, inevitavelmente fracassado. Da contemplação de pangolins constituídos de ondas-partículas temos sido levados aos limites do sistema linguístico dos físicos. ...Vamos aceitar, em algum ponto, que há limites ao projeto de quantificação, da mesma forma que para todos os esquemas taxonômicos? Ou seremos atraídos para questões cada vez mais complexas e investigações cada vez mais caras – OEPN ponto dois,* Hubble, a sequência –, tentando resolver todos os paradoxos persistentes? Na visão de Mary Douglas, a ambiguidade é uma característica inerente da linguagem que devemos confrontar em algum momento – ou cairemos na perplexidade.[4]

E assim, como vemos, nosso fracasso (ou, mais exatamente, o fracasso dos filósofos que ficam ruminando sobre as imperfeições da compreensão humana) em seguir a estrela-guia até o

---

* Organização Europeia para a Pesquisa Nuclear. (N.T.)

lugar ao qual ela supostamente nos levaria não pode ser explicado por equívocos metodológicos ou imaturidade científica. Não somos os únicos participantes dessa caçada ao pato-selvagem. Existe, suponho, alguma coisa que liga a sorte das linguagens mais sofisticadas, que exibem um selo impecável de autoridade científica, ao status de "compreensões a nós passadas pelo mito, pela religião e também pelos estudos literários". E essa alguma coisa é a incomensurabilidade essencial das duas funções combinadas na linguagem: a comunicativa e a representacional.

É por causa dessa disjunção insuperável das duas funções sincrônicas que o "estado de tensão entre compreensão e incompreensão" de Lotman vai perdurar – aqui e em toda parte... Para realizar as funções comunicativas, a representação precisa renunciar às suas ambições (e à sua pretensão) de "exaustividade" e *Eindeutigkeit*. Ser motivada por essa ambição e afirmar essa pretensão iria, por sua vez, minar a eficiência comunicativa das locuções. E há uma sólida razão para suspeitar que essa última consequência seja, na verdade, uma função latente, ainda que não manifesta, do jargão esotérico das ciências humanas, cronicamente inseguras, como o são, de seu status científico e, portanto, ávidas por obter credenciais científicas mediante a emulação da incompreensibilidade das ciências naturais para o leitor/ ouvinte leigo.

RR: Talvez o problema da ambiguidade tenha raízes ainda mais profundas e seja derivado de nossa compreensão de como a representação funciona. A maioria dos pensadores ocidentais, de Aristóteles até o presente, talvez concordando coletivamente em pouco mais que isso, parece partilhar a visão de que a própria realidade tem algum tipo de estrutura lógica que as linguagens naturais refletem na medida de suas capacidades, ainda que de forma imperfeita. Entretanto, quando olhamos em volta, vemos que fora do Ocidente essa crença é muito escassamente encontrada. Na verdade, é muito mais fácil pensar a linguagem como uma ordem por direito próprio, e não uma imitação da realidade, mas algo sobreposto a ela. A variabilidade estrutural das linguagens do mundo é tão imensa, e elas têm tão poucos elementos em comum, que é simplesmente impossível reduzir todas a uma espécie de conjunto indistinguível de estruturas profundas, não obstante os esforços de Steven Pinker e colegas. Isso não significa que eu apoiaria uma versão dura da hipótese de Sapir-Whorf. A linguagem não predetermina necessariamente o escopo total daquilo que um indivíduo pode perceber no mundo, mas isso não significa que ela não tenha efeito sobre ambos.

Isso foi provado de forma experimental: Paul Kay e Willet Kempton passaram a mesma tarefa a dois grupos de pessoas, falantes de inglês e de tarahumara,* que não distinguem o verde do azul. Eles tinham de dividir três tipos de fichas (azuis, verde-escuras e verde-claras) em apenas duas categorias segundo suas cores. As fichas verde-escuras eram fisicamente mais próximas do azul, e foi exatamente assim que os falantes do tarahumara as perceberam, mas os de fala inglesa as agruparam com as fichas verde-claras, com as quais elas compartilhavam a característica linguística.[5] Isso está longe de ser o único tipo de interferência causada pela linguagem no processo de percepção, mas deve ser suficiente para mostrar que as imperfeições da linguagem são inevitavelmente transportadas para a forma como percebemos nosso mundo, de muitas maneiras e em todos os momentos.

Mas a incomensurabilidade essencial que você apontou entre comunicação e representação inevitavelmente aprofunda essa questão. Nossa visão do mundo é incompleta desde o princípio, e ainda assim tentamos eliminar a ambiguidade que passou pelos filtros linguísticos para torná-la ainda mais inexata. Talvez isso seja causado por um desejo de evitar a interioridade, ou "subjetividade", no sentido de inclinação individual, em favor da "objetividade", ou uma tendência comum. Mas até uma breve olhada no modo como funciona o processo de comunicação deveria nos mostrar que essa interioridade não deve ser descartada. Os esquemas de comunicação de Claude

---

* Tarahumara: língua falada pelo povo de mesma designação que habita uma região do estado de Chihuahua, no México. (N.T.)

Shannon e Roman Jakobson deixam a impressão de que a operação de "decodificar" é apenas um processo especular da "codificação" – que ocorrem os mesmos movimentos, apenas em ordem oposta. É muito evidente que não é assim.

Ao codificarmos, examinamos nossos dicionários mentais em busca de signos adequados para representar as ideias, ou estruturas conceituais, que desejamos compartilhar com outras pessoas. Mais comumente, temos certa margem de escolha, e optamos pela menos inadequada, pois nenhuma palavra pode expressar absolutamente tudo aquilo que a mente de um indivíduo comprime numa ideia elementar. Ao decodificarmos, temos de voltar esses sinais mais uma vez para as estruturas conceituais. Mas dispomos apenas dos sinais específicos que a transformaram na mensagem, e não temos acesso às deliberações que fizeram o falante preferir um desses sinais em vez de todos os outros. E como a linguagem natural nunca é tão estrita como, por exemplo, o código Morse, que estabelece uma correspondência entre certos sinais e determinadas letras, é impossível traduzir a mensagem nas mesmas ideias que a produziram. Porque simplesmente não existe um repositório de ideias elementares que todos nós compartilhamos.

Sinto muito por estar me estendendo tanto sobre algo bastante elementar, mas acho que isso é muito relevante para o que você e Wertheim têm a dizer sobre a linguagem da ciência. Um elemento importante do processo pelo qual a autoridade científica se estabelece é essa negação da interioridade – de nosso próprio contato imediato com o mundo em que vivemos: em outras palavras, o fisicalismo, a tese de que tudo que acontece na realidade pode ser descrito pela física, pressuposto que a maioria dos cientistas naturais tende a compartilhar em algum grau. Não tenho problema com uma versão branda do fisicalismo, a visão de que tudo o que acontece na realidade *também* pode ser descrito em termos da física, mas, de alguma forma, quase imperceptivelmente, bom número de seus proponentes tem passado para a posição mais dura de que a descrição da física é também a mais exaustiva e adequada. Essa visão implica uma redefinição da realidade, pois ela simplesmente se recusa a ver qualquer coisa para a qual a explicação da física não seja a mais informativa – por exemplo, qualquer circunstância de significado. Do ponto de vista fisicalista, os significados não são totalmente reais. Do meu ponto de vista, contudo, explicar a fala por uma descrição precisa das ondulações de ar produzidas pelo aparelho fonador dos seres humanos não nos leva muito longe.

Ou vamos dar uma olhada na mais abstrata das linguagens culturais, a música, que também é universal. Embora a música possa ser notada e reproduzida a partir das notas, ela carrega um mínimo de conteúdo informacional. O efeito da música não é redutível à relação entre as notas e os tipos de sons que elas representam. Além disso, as mesmas notas podem produzir efeitos bem diferentes quando executadas por um virtuoso e por um principiante, ainda que formalmente a música seja a mesma. Uma descrição fisicalista das diferenças entre essas duas performances é possível, mas insuficiente para explicar por que, num caso, o público pode recebê-la aplaudindo de pé e, no outro, com um estímulo meramente educado. O que quero dizer é que existe essa "música" em todo ato de linguagem, não na eufonia dos sons, não nas entonações, mas na parte que não pode ser adequadamente transcrita por qualquer forma de notação.

Assim, se quisermos trazer um elemento de interioridade para nossa visão da linguagem, talvez devamos falar não apenas de comunicação, mas também de coexperimentação, seguindo Wittgenstein em sua última fase. Um ato linguístico é bem-sucedido não quando se transmite uma quantidade máxima de informação, mas quando as experiências de seus participantes são mais próximas entre si, ainda que por um momento. Posso chegar às mesmas conclusões internas, com base nos recursos de minha própria experiência de vida ou conhecimento adquirido, para compreender a posição a partir da qual foi feita a afirmação. Evidentemente, posso então discordar totalmente dela, mas tive a coexperiência do que foi dito. Ouvi falar que alguns diretores de cinema assistem a seus filmes primeiro sem som, só imaginando que seu trabalho será um sucesso caso a história possa ser entendida igualmente sem as falas.

ZB: No ato da comunicação, a "interioridade" é um tipo de obstáculo que não pode ser envolvido numa batalha e chutado para fora do caminho; só pode ser contornado em silêncio, ou – melhor ainda – negado, ou deixado fora de vista! Para servir à tarefa da comunicação, a linguagem que usamos precisa abster-se da malfadada intenção de se envolver com o inacessível. E o que é inacessível é precisamente o que você situa na "interioridade". Quando lhe peço para me passar uma caneta verde, posso me assegurar de que você vai atender ao meu pedido mesmo que eu não tenha ideia – e nunca venha a ter – de que tipo de impressão o sinal sonoro "verde" evoca em sua "interioridade". O que você vê é idêntico ou totalmente diferente do que eu vejo em minha "interioridade" ao ouvir esse pedido? Bem, essa é uma pergunta absurda, tal como perguntar como são as coisas às cinco da tarde no Sol. Graças a Deus ou à natureza, o refinamento e a destreza da linguagem tornam questões desse tipo totalmente irrelevantes para o sucesso da comunicação (como Ludwig Wittgenstein nos lembrou de forma enfática e significativa, "compreender" significa saber como avançar).

Todos esses estratagemas e dispositivos descritos por Leach[6] não são nem equívocos implorando para serem corrigidos nem remanescentes de erros passados esperando agora por uma operação de limpeza, mas condições *sine quibus non* da capacidade e eficiência da linguagem para desempenhar a tarefa da comunicação. Observe, por exemplo, a notória (e à primeira vista extravagantemente perdulária) redundância tanto na ortografia quanto na sintaxe: um olhar mais de perto revela, contudo, que, longe de ser uma complexidade e um fardo inúteis, desnecessários e injustificados, esse é um processo bem-vindo – reduzindo radicalmente a chance de um equívoco ao se ler a mensagem, mesmo que o remetente não tenha sido preciso o bastante ao corrigir a ortografia e os erros de sintaxe em sua performance escrita. Na busca da aptidão comunicativa, as línguas protegem – precisam proteger – suas apostas.

E, assim, o que parecem falhas e deficiências a serem lamentadas são de fato soluções engenhosas dignas de admiração. Precisamos estudá-las, ter consciência delas – e viver com elas até o fim. O choque e a luta entre as tarefas de comunicação e os motivos que inspiram e orientam o esforço de representação estão aqui para ficar. E eu endosso plenamente sua afirmação de que "explicar a fala por uma descrição precisa das ondulações de ar produzidas pelo aparelho fonador dos seres humanos não nos leva muito longe". Eu chegaria até, em vez do circunspecto e indulgente "não nos leva muito longe", a afirmar com franqueza que isso "nos leva bem longe na estrada para lugar nenhum".

RR: Precisamente. Suponha que eu seja daltônico e tenha vergonha de falar sobre isso. Seu pedido para lhe passar a caneta verde me deixa em situação de desespero. Ou talvez eu tenha amargura em relação à minha deficiência e considere qualquer referência a ela uma tentativa deliberada de me humilhar. Se você agora me disser que nada disso foi sua intenção, estará se referindo à sua própria interioridade, mas, nesse contexto, isso não pode ser válido como contra-argumento. Assim, qualquer pedido simples deve equilibrar-se cuidadosamente na escala entre a grosseria e a cortesia, não ser tão rude a ponto de provocar irritação nem tão elegante que pareça irônico. Desse modo, até o pedido de lhe passar a caneta, para que seja efetivo, deve basear-se num plano de coexperimentação. E isso é algo que não pode ser adequadamente definido em termos neutros e racionais. Considere-se o fracasso da correção política mecânica: ouvir certas palavras como ofensivas e substituí-las por outras mais aceitáveis nunca resolve o problema, pois as mesmas atitudes derrogatórias são tão facilmente transferíveis para as novas expressões que estas começam a parecer politicamente incorretas em pouquíssimo tempo.

Assim, não há como observar cuidadosamente a linguagem sem levar em conta a interioridade. O que quero dizer é que não existe essa fronteira ou oposição estrita entre a interioridade e a exterioridade que fosse possível identificar. Há um aspecto ou dimensão comum a nossas interioridades, o qual não pode ser descrito em termos físicos, e esse aspecto comum está sempre em funcionamento quando usamos a linguagem.

Tudo isso, contudo, não significa que a coexperiência crie necessariamente um contexto de valores ou ideias comuns. Pelo contrário, pode ser a base de choques inconciliáveis. Uma forma melhor de descrever a situação talvez seja como a de abrir nossos canais de comunicação e vivenciar simultaneamente tanto os nossos limites quanto os de nosso parceiro no intercâmbio. Assim, quem sabe apenas momentaneamente, está ocorrendo algo como a "fusão de horizontes" de Hans-Georg Gadamer.[7] Isso é algo que, por um momento, nos deixa mais vulneráveis a uma coisa inesperada, vinda de fora, forçando-nos também a questionar nosso próprio ser e estar aqui e agora. Não precisa ser dramático para ser real. E não precisa ser provocador. Por vezes a conformidade incondicional às normas também é desconcertante – por exemplo, quando um ocidental vê uma mulher muçulmana perplexa ao lhe ser oferecida a possibilidade de quebrar os estereótipos comportamentais que nós, como outsiders, imaginamos lhe serem impostos contra a sua vontade. Ou quando um soldado inteligente obedece a ordens estúpidas vindas de cima. Não posso sequer começar a entender alguma coisa que outra pessoa deseja dizer-me sem evocar, em minha interioridade, uma figura preliminar e incorreta de quem seja essa pessoa.

ZB: O que você está falando nessa alegoria do homem daltônico a quem se pede uma caneta leva-nos do universo obscuro das interioridades monádicas ao encontro em carne e osso entre elas levando (ou não) a um diálogo. Martin Buber estabeleceu uma distinção entre os casos do *Begegnung* ("encontro" genuíno) e do *Vergegnung* (encontro fracassado, "desencontro"). Como sociólogo em primeiro lugar, e só remotamente como filósofo, estou basicamente interessado nos *ambientes sociais* (em vez de tentar apreender a profundeza essencialmente recôndita, impenetrável/inescrutável, como já concordamos, da "interioridade"); os ambientes que aumentam a possibilidade de uma e não outra das possibilidades que se apresentam. E as alternativas, como o colunista do *New York Times* Charles M. Blow as explicitou ao escrever sobre a crescente animosidade do debate político americano, são – como em todo e qualquer caso de escolha entre elas – as seguintes:

Para o bem ou para o mal, nosso sistema é bipartidário, e eu fervorosamente acredito que uma oposição saudável, baseada em ideias, ajuda a manter todos honestos. Se discordamos quanto ao tamanho e ao papel do governo, vamos fazer esse debate. Se discordamos quanto ao papel que os Estados Unidos devem desempenhar ajudando a policiar os conflitos do mundo, vamos fazer esse debate. Se discordamos quanto à melhor maneira de impulsionar a economia, preparar nossas crianças, consertar nosso deficiente sistema de imigração ou ajustar nosso sistema de impostos, vamos fazer todos esses debates. Mas quando o debate gira em torno de acusações nascidas do ódio – racistas, misóginas, homofóbicas ou coisa do tipo –, ele deixa de ser saudável ou produtivo, e em vez disso traz à tona o pior do que nós fomos – e, em alguns casos, continuamos a ser.[8]

Falando sobre o debate em torno de "acusações nascidas do ódio", Blow destacou como particularmente odioso entre os exemplos recentes certo Ted Nugent, que descreveu Obama, atual presidente americano, como "um híbrido subumano, criado por comunistas, educado por comunistas e alimentado por comunistas". "Subumano", como ele aponta, foi tirado da descrição dos judeus pelos nazistas. A palavra "híbrido" pode ter uma origem igualmente nazista (*Mischling*), mas também no termo pejorativo colonial "mestiço" – embora ele agora tenha sido plenamente assimilado e absorvido pelo vocabulário dos jingoístas antinegros. Tratando-se dos Estados Unidos, com seu horror firmemente assentado e estabelecido aos "vermelhos embaixo da cama", o qualificativo "comunista" desempenhou na diatribe de Nugent exatamente o papel do pingo sobre um "i" e do traço de um "t" ao declarar a pessoa assim descrita inadequada para o papel de parceiro numa conversa, e categorizando-a como banida do debate. "Acusações nascidas do ódio" aparecem no discurso no papel de (para usar a terminologia de Bronisław Malinowski) "expressões fáticas" ou (na terminologia de John Austin) "perlocuções". A informação que transmitem é uma intenção/resolução do locutor de evitar que o futuro encontro casual se transforme num encontro genuíno; de *recusa* a entrar num diálogo, passando a responsabilidade dessa recusa à falta de adequação e qualificação do outro para a condição de sujeito de uma conversa.

O papa Francisco ofereceu recentemente um exemplo de conduta que representa o oposto da estratégia de Nugent e de pessoas como ele. A primeiríssima entrevista desse pontífice foi com Eugenio Scalfari, que se apresenta em público como "ateu criado como católico", publicada no jornal italiano *La Reppublica*, conhecido por sustentar uma posição consistentemente anticlerical. A mensagem transmitida por esse gesto não poderia ser mais clara: o diálogo é a resposta adequada à atual diversificação da humanidade e o modo desejável de interdependência e coexistência humanas, e diálogo significa conversar com pessoas com opiniões e convicções *diferentes* das suas; a conversa reduzida a pessoas que compartilham suas crenças não é um verdadeiro diálogo. E o propósito de um diálogo não é derrotar os que pensam diferente, mas a compreensão recíproca e o esforço conjunto para elaborar o modus vivendi mutuamente benéfico com a diferença. Foi como se o papa Francisco estivesse seguindo a receita de Richard Sennett, de que o diálogo deve ser informal, aberto e cooperativo: "informal" porque iniciado sem regras procedimentais determinadas a priori, mas permitindo que essas regras surjam e sejam testadas em seu curso; "aberto" porque os participantes devem entrar nele preparados para a eventualidade de se provar que estão errados e corrigir as convicções que inicialmente sustentavam; e "cooperativo" porque o objetivo do diálogo não é dividir os participantes em vencedores e vencidos, mas enriquecer a experiência, a compreensão e o conhecimento de todos eles.

A grande questão que eu creio ser da maior importância na atual coexistência indefinida e subdeterminada de selves independentes de variadas identidades é a das condições sociais que favorecem esse diálogo versus seus opostos – os ambientes sociais que nos estimulam a evitá-lo. No momento, o segundo tipo parece prevalecer. Testemunhamos os diálogos fracassarem e serem interrompidos com mais frequência do que iniciarem e chegarem a termo com sinceridade. A tentação de recorrer à construção de "câmaras de eco" sui generis (conversas em que o único som que se ouve são os ecos da própria voz) ou a "salas de espelhos" (em que as únicas visões que temos são reflexos de nosso próprio rosto) parece ser cada vez mais comum.

RR: Isso nos leva a outro (embora intimamente relacionado) conjunto de problemas: o lado "externo" de nossos selves linguísticos, ou as formas como a linguagem que usamos nos faz parecer aos outros. Existe uma brecha insuperável entre a internalidade de nossa linguagem, ou o local onde o mundo relevante está acontecendo para nós, e a externalidade verbal de nosso ser, que tem lugar principalmente em condições que não são por nós produzidas. Tudo que fazemos é de alguma forma afetado por essa disjunção. Quando estendo a mão para pegar o último pedaço de bolo do prato, essa ação, assim como a intenção por trás dela, é vista de forma diferente por mim e pelos outros. Mas a fala é especial pelo menos por três razões. Primeiro, falar é nossa forma básica de autoexpressão, possibilitando-nos cobrir a maior gama de significados semânticos, assim como as nuances da modalidade, com a maior precisão que nos é possível (que felizmente ainda não é tão grande quanto gostariam as ciências naturais); em segundo lugar, porque, ao contrário de tocar violino ou fazer patinação artística, a fala como forma de autoexpressão é compartilhada por quase todo mundo; e, finalmente, porque a fala e, até certo ponto, mesmo suas nuances não podem ser notadas e descritas em metalinguagens também suficientemente detalhadas para as finalidades de quem descreve e, sobretudo, não complicadas demais para serem dominadas.

Posso explicar a uma criança o que é a ironia, ou como funciona a polidez, sem fazer uso de termos usados pelos especialistas em linguística – mas, se o fizesse, poderia abarcar um campo ainda maior, quase tanto quanto todo o possível. É também por isso que a amizade de Roman Jakobson, o linguista sistemático, e Claude Lévi-Strauss, o antropólogo rebelde, se mostrou tão proveitosa e influente: as estruturas da linguagem forneceram o modelo mais aplicável para todas as atividades produtoras de significado em que consiste a cultura humana – incluindo a conceituação das estruturas sociais. Assim, ouvimos Roland Barthes falar de "vestemas", ou unidades mínimas portadoras de significado na linguagem das vestimentas, o que nos ajuda a explicar o motivo pelo qual certos trajes são exigidos em determinadas ocasiões ou o que as pessoas podem expressar sobre si mesmas escolhendo certo estilo de trajar quando têm múltiplas opções disponíveis.[9]

Essa última situação é realmente onde a "externalidade linguística" de nossos selves entra em ação. De um lado, devemos estar conscientes da forma como aquilo que dizemos será interpretado pelos outros e tentar ser cuidadosos para não dizer algo que não pretendemos; por outro lado, podemos navegar conscientemente, na maioria das circunstâncias, pela ampla gama de opções entre formas de autoexpressão. Ou talvez essa gama seja, mais frequentemente do que pensamos, ilusória, e a opção de usá-la, a quebra de algumas regras não escritas. Pois de outro modo seria difícil explicar por que a maioria das pessoas escolhe seguir um modelo de discurso em vez de criar um estilo próprio. Assim, ouvimos longos e solenes discursos em eventos festivos que nem os oradores gostariam de pronunciar nem os ouvintes de escutar, e também falas casuais repetidas por diferentes pessoas em diferentes ocasiões quando estão conversando com semiestranhos amistosos.

Parece-me que esse é também um dos maiores impedimentos ao diálogo no sentido em que você o definiu. Na maior parte do tempo, as pessoas não falam a partir de sua interioridade, mas de uma posição de orador bem definida que decidiram adotar, seja a de um roqueiro punk, de um sacerdote, de um vendedor, de um intelectual de esquerda, de um político, de um terapeuta ou de um comediante de *stand-up*. Porque isso torna a conversa posterior muito mais fácil. Evidentemente, do ponto de vista de estimular o processo social, um diálogo entre posições de orador pode ser igualmente significativo, como o demonstrou aquele entre um sacerdote e um intelectual de esquerda que você apresentou como exemplo. Por esse ato de diálogo, o papa realmente conseguiu alterar a posição de orador a que o havia levado sua ocupação, e isso é admirável. Mas receio que um papa ainda se mova apenas dentro de um círculo de opções bastante circunscrito, pois, se fosse agir de maneira imprevisível, perderia a credibilidade de ser o que ele é e representa. Já vi em minha vida um número lamentavelmente grande de pessoas que foram eleitas para um cargo ou outro por terem feito a promessa de mudar as coisas – e que muito rapidamente começaram a falar e agir da forma que o sistema esperava delas, o mesmo sistema que se dispunham a mudar. Essa é a maneira como os sistemas funcionam: não reagem a suas ações se você não adotar a posição correta a partir da qual deve agir; e, se você o fizer, não será mais capaz de empreender uma ação.

Mas isso suscita uma questão interessante. Do meu ponto de vista, adotar uma posição de orador que lhe foi imposta – especialmente quando isso é feito de forma acrítica – é um ato de violência contra si mesmo. Essa é a condição de ser um oprimido de sucesso. Foi o que Gayatri Spivak questionou em seu seminal artigo intitulado "Can the subaltern speak?". Assim, supostamente, o que deveríamos fazer é livrar-nos da matriz imposta sobre nossa fala num dado momento, ou pelo menos neutralizá-la. Pois de outro modo um genuíno encontro de mentes no sentido de Buber dificilmente seria possível, estaríamos repetindo uns aos outros as palavras agradáveis, porém improdutivas, de roteiros preexistentes constantes de um guia de conversação. Mas, e se a disponibilidade e a aplicação de tais roteiros tiverem uma razão mais profunda? Talvez eles existam porque de outra forma haveria por aí um número grande demais de Ted Nugents expressando sua mente desqualificada, enchendo nosso espaço público de ódio e transformando insultos em norma. Afinal, o papa também escolheu para dialogar um intelectual bem-educado, e não um militante furioso. E, no entanto, será que esses militantes também não são produtos do Iluminismo e de sua promessa estrutural de emancipação para todos?

ZB: Você coloca uma ênfase enorme na "brecha insuperável entre a internalidade de nossa linguagem, ou o local onde o mundo relevante está acontecendo para nós, e a externalidade verbal de nosso ser, que tem lugar principalmente em condições que não são por nós produzidas". A brecha – você sugere com tantas palavras, porém mais fortemente nas entrelinhas – deriva das pressões de circunstâncias externas sobre a maneira como compomos – tornamos comunicativos – nossos relatos do estado, dos pontos de vista e das preferências axiológicas de nossos selves interiores. Em outras palavras, a externalidade em que tem lugar a comunicação verbal é um terreno pantanoso no qual não seríamos capazes de nos mover com segurança e alcançar o destino desejado sem a ajuda de equipamentos de caminhada já produzidos e prontos para uso.

Concordo plenamente com tudo isso. O que ocasiona minhas dúvidas, porém, é sua evidente seleção da "verdade" descrita acima (ou seja, a necessidade de enfrentar a inflexível externalidade e o compromisso com seus "requisitos") como a principal restrição, talvez mesmo a única, imposta ao "encontro de selves". Seria esse o caso se tivéssemos plena consciência dos conteúdos e pontos de vista de nosso "interior", e, portanto, pleno conhecimento do que nossos selves diriam se não estivessem enfrentando esse dilema estabelecido externamente. Em outras palavras: se houvesse um "self" verdadeiro, autossuficiente, impedido por forças externas de se afirmar de maneira honesta, verdadeira e livre. Essas condições, contudo, são, suponho eu, dificilmente alcançadas.

Essa ideia de um "self autêntico" que precede todas as tentativas de articulá-lo discursivamente é uma invenção moderna; e um derivado, creio eu, de outra inovação moderna, mais fundamental ainda – a ideia de "nação" como algo "naturalmente distinto", autoconfinado e habitando um território compacto, assim como legitimamente soberano (um desvio que pode, em minha visão, ser também descrito como uma passagem da fórmula *cuius regio eius religio* ["de quem é a religião, dele se siga a religião"], proclamada no acordo de Vestfália, em 1555, para substituí-la, para todos os fins e propósitos práticos, pela do *cuius regio eius natio* ["de quem é a nação, dele se siga a nação"], trezentos anos depois, na "Primavera das Nações" de 1848 e em torno dela). A visão do "self autêntico" como um fenômeno natural e, portanto, predefinido, predeterminado e pré-discursivo, que precede (e desafia antecipadamente) todas as tentativas de sua expressão e articulação, uma entidade cultural e psicológica imune a toda intervenção externa e inflexivelmente resistente a pressões de fora originárias da lei e das políticas, era indispensável para sustentar a fórmula política da nação independente e soberana num Estado independente e soberano. Um efeito colateral desse desvio fatal foi, nas palavras de Richard Sennett, o nacionalismo do século XIX estabelecendo "o que podemos chamar de moderno princípio básico para ter uma identidade. Você tem a identidade mais forte quando não tem consciência de que a 'tem'; você apenas o *é*. Ou seja, você é mais você mesmo quando está menos consciente de si mesmo".[10]

Sugiro, contudo, olharmos mais de perto o que Fernando Pessoa observou – embora em seu idioma poético inimitável e intransigentemente impressionista – em seu *Livro do desassossego*. Permita-me começar pela observação mais eloquente que classifica a distinção entre "interior" e "exterior" como um dilema sério, realmente fundamental:

> Cada um de nós é vários, é muitos, é uma prolixidade de si mesmos. ... Na vasta colônia de nosso ser há gente de muitas espécies, pensando e sentindo diferentemente.[11]

> Tudo que nos cerca se torna parte de nós, se nos infiltra na sensação da carne e da vida, e, baba da grande Aranha, nos liga subtilmente ao que está perto, enleando-nos num leito leve de morte lenta, onde baloiçamos ao vento. Tudo é nós e nós somos tudo.[12]

A consequência disso é tudo, menos uma totalidade clara, transparente, estruturada, suscetível de ser dissecada e remontada, ou, nesse sentido, de ter um inventário completo e uma reconstrução racional: "Minha alma é uma orquestra oculta. Não sei que instrumentos tange e range, cordas e harpas, timbales e tambores, dentro de mim. Só me conheço como sinfonia."[13] Finalmente:

> Minha alma é um maelstrom negro, vasta vertigem à roda de vácuo, movimento de um oceano infinito em torno de um buraco em nada, e nas águas que são mais giro que água boiam todas as imagens do que vi e ouvi no mundo – vão casas, caras, livros, caixotes, rastros de música e sílabas de vozes, num rodopio sinistro e sem fundo.
>
> E eu, verdadeiramente eu, sou o centro que não há nisto senão por uma geometria do abismo; sou o nada em torno do qual este movimento gira, só para que gire, sem que esse centro exista senão porque todo o círculo o tem.[14]

Falando francamente: esse centro chamado de *"meu self"** é um postulado da razão buscando a lógica no ilógico e a ordem no caos; o "self" é, como sugere Pessoa, uma ficção geométrica, uma conduta engendrada pela razão que serve para reiterar a loucura que não pode ser inteligivelmente explicada como uma história inteligível. Estabelecemos linhas de fronteira, reduzimos as totalidades inaceitáveis em fragmentos adaptáveis, compomos esses bits em sequências e projetos – mas será que toda essa atividade e essa comoção mental vão nos aproximar da verdade desse *maelstrom* e desse rodopio? Ou será que isso iria encobrir a verdade?

Suponho que no fundo de nossa confusão esteja o fato (se você me permite recorrer uma vez mais ao mesmo tropo) de nós – cada um de nós, incluindo o corpo e a alma – sermos violinos, mas também os violinistas que os tocam, assim como os

---

* Jogo com *myself*, "eu mesmo". (N.T.)

ouvintes que se espera sejam competentes e que são estimulados a afirmar sua competência para avaliar a qualidade dos sons. Precisaria acrescentar que não somos solistas, mas membros de uma orquestra sinfônica que, na maior parte do tempo, toca sem partitura nem maestro, e à qual chamamos "sociedade"? Para acrescentar mais neblina ao retrato, como se a bruma já não fosse suficientemente densa, "a ideia de que outras pessoas sejam como nós e devam, portanto, sentir-se como nós" é considerada por Pessoa "o erro central da imaginação literária". E ele acrescenta: "Felizmente para a humanidade, cada homem é só quem é, sendo dado ao gênio, apenas, o ser mais que alguns outros."[15] Pessoa deve saber do que está falando, pois ele próprio fez essa afirmação passar com sucesso por um teste criando "heterônimos" (72 ao todo!): escrevendo diferentes poemas sob diferentes nomes, cada qual representando uma pessoa dotada de estilo, biografia e personalidade próprios. O *Livro do desassossego* foi escrito sob o nome de Bernardo Soares, a quem Pessoa descreve como uma "mutilação de minha personalidade".

RR: Que bom que você trouxe isso à baila. Eu seria a última pessoa a afirmar a existência de um sujeito cartesiano autoidêntico, que dirá imutável, que interage com o mundo, seja em seus próprios termos ou não. É por isso que falo em "interioridade", não em subjetividade. A interioridade de outras pessoas é aquilo a que os telepatas afirmam ter acesso, e, nesse sentido, é algo distinto de meu exterior. Entretanto a interioridade não é um "self interior" – poderia antes ser concebida como o espaço em que acontece o "self", como um processo. E esse self é, de fato, uma sinfonia (ou, na pior das hipóteses, uma cacofonia) – da mesma forma que me referi à "música" como a parte da linguagem que não pode ser descrita em termos fisicalistas, existe um elemento nessa música presente em tudo aquilo que pensamos, dizemos e fazemos. Mas a interioridade de cada um de nós tem, por assim dizer, uma acústica diferente. Pense na experiência de sua própria voz dentro de sua cabeça e em como você a escuta numa gravação. Esta última é a exterioridade, diferente e – ao menos no meu caso – de alguma forma menos agradável do que a que é ouvida lá dentro. Apesar disso, as pessoas que amam você e também sua voz só podem ouvir aquele som desagradável que você escuta pela gravação. Aí está a brecha. Entre qualquer autoexpressão e qualquer interpretação dessa brecha, é aí que acontece a fala.

Quem melhor para nos fazer lembrar disso que Fernando Pessoa, cujo próprio nome se refere a isso, e que tem tantos "heterônimos", como ele os chamava: poetas com inclinações tão diferentes coexistindo em sua interioridade, cada qual com sua voz distinta? Todos temos dentro de nós essa heteroglossia bakhtiniana, Pessoa apenas ouviu com mais cuidado que a maioria dos outros.

Mas deixe-me dar outro exemplo. Há um conto particularmente notável em *Dublinenses*, de James Joyce, intitulado "Contrapartida". Nele vemos Farrington, um escrivão azarado e humilhado, maltratado por seu chefe – não sem motivo, para ser justo, mas, ainda assim, é com ele que está nossa simpatia. O dia de Farrington prossegue, previsivelmente, no pub, na companhia de amigos, e finalmente ele volta para casa, onde se transforma num brutal e autêntico monstro, perseguindo o filho, que, em pânico, promete rezar por ele uma ave-maria. É preciso o gênio de um Joyce para transformar um homem de vítima em opressor diante de nossos olhos, passando-o de um extremo a outro sem o percebermos. Ainda me lembro de minha primeira leitura desse conto, quando a transformação me atingiu como uma surpresa total, e no entanto tive de admitir que o processo havia ocorrido de modo suave e contínuo, e também que não foi possível apontar o momento exato em que ocorreu a mudança.

Estou dizendo isso porque a interioridade de Farrington, atravessando todos esses processos, não mudou, embora ele nos pareça uma pessoa totalmente diferente, a contrapartida, no final da história, de seu self apresentado no começo. É precisamente por isso que a brecha está sempre presente: não há aqui uma correspondência rigorosa. O contínuo processo interior de Farrington parece a nós, leitores e outsiders, expressar-se como dois extremos do comportamento humano em diferentes instâncias – ele, porém, provavelmente parece a si próprio apenas ele mesmo nas duas situações.

· 3 ·

Selves em atuação

REIN RAUD: Existe outro assunto importante que você mencionou, entre outras coisas, não faz muito tempo: como o ambiente social se relaciona com o self, inserindo-lhe certos aspectos, minimizando outros. Talvez devêssemos falar nesse contexto em performance social, em vez de autoexpressão ou de esforços em trazer para fora o que está ocorrendo lá dentro na forma mais pura possível. A emergência do "eu" social tem sido intermitentemente analisada como um processo semelhante à performance desde a obra inovadora de Erving Goffman,[1] e, recentemente, sob a influência de Jeffrey C. Alexander,[2] essa visão novamente ganha terreno. Assim, talvez seja mesmo mais proveitoso acrescentar uma interação com o público à nossa perspectiva sobre a individualidade. Com efeito, tendo nascido e sendo constantemente remodelado nas fronteiras da interioridade, qualquer self está entranhado, em qualquer momento dado, em múltiplas relações, algumas delas antigas e outras atuais, algumas conscientes e outras não necessariamente, algumas hostis e outras construídas sobre a dependência mútua, algumas importantes e outras apenas formadas e logo dissolvidas. Relações com outras pessoas ou, para ser preciso, com suas palavras e atos, ou, para ser ainda mais exato, com a própria compreensão de alguém sobre o significado desses atos e palavras. Nesse sentido, a produção da individualidade deve envolver necessariamente negociações com todas as outras pessoas importantes em relação às quais se dirige a autoexpressão de alguém, e a correção constante das próprias ações quando algo parece ter dado errado. Estratégias, truques, ataques, manobras. Às vezes o jogo parece mais real que o motivo que o provocou.

ZYGMUNT BAUMAN: Não consigo lembrar, infelizmente, quem escreveu que, quando duas pessoas, A e B, conversam entre si, seis pessoas participam: além de A e B, também a imagem que A tem de B, a imagem que B tem de A, a imagem que A tem da imagem que B tem de A e a imagem que B tem da imagem que A tem de B – mas me lembro de achar essa observação, muitos anos atrás, extremamente precisa e pertinente. Você acrescenta, e o faz corretamente, uma considerável complexidade a esse retrato chocante, mas ainda assim inequívoco, da "partícula elementar" do self, que, não obstante, já contém um encontro entre sujeitos autônomos – e o faz introduzindo um terceiro sujeito a essa díade: aquele "terceiro" que, por sua mera aparição, solapa e contamina a prístina inocência do "partido moral de dois" de Levinas,[3] ou, em Simmel, que "priva as afirmações conflitantes de suas qualidades afetivas" pelo impacto "objetificante" de sua "indiferença" – e, pela mesma razão, abre espaço para normas, leis, regras de ética e tribunais de justiça.[4] Você também, de modo coerente, sugere que o hábitat natural em que ocorre a formação (e re-formação) do self é a "interação com o público", e não um desempenho solo sem plateia, muito menos uma autodissecação mental.

No entanto, em que consiste esse público e como ele aparece? George Herbert Mead escreveu sobre o papel das "caras-metades" na composição desse "mim" que oferece o padrão pelo qual o "eu" é, e/ou se sente, inclinado a avaliar – e ao qual esse "eu" se submete e com o qual se choca ou compete.[5] Esse, porém, é outro modelo de "célula elementar" da interação levando à autoformação; um modelo específico que tenta apreender a dinâmica do self – numa sociedade marcada por uma morfologia significativamente distinta daquela que é típica das formas contemporâneas de intimidade humana; um modelo feito sob medida para sociedades constituídas por *comunidades*, e não por *redes*, de indivíduos que vivem num tempo "linear", e não "pontilista", e orientados para uma área autônoma de proximidade física, e não, como hoje, para as "autoestradas da informação" eletrônicas; assim como um modelo de socialização voltado para a "autenticidade" do self, e não para sua flexibilidade. No final das contas, esse modelo não explica o fato de o self estar, "em *qualquer* momento dado", como você diz, "entranhado em *múltiplas* relações" (e, permita-me acrescentar, a maior parte dessas relações são conspícuas por sua condição fluida, transitória e eminentemente revogável, "até segunda ordem") – o fato que deveria ser colocado no próprio centro de uma investigação da dinâmica do self quando este é conduzido, como é o nosso, num mundo multicentrado, desregulado, fragmentado e fluido, de vidas igualmente fragmentadas e desreguladas.

Além da morfologia alterada do ambiente existencial, há também outro fenômeno igualmente novo, que é o da (para invocar a tese de Marshall McLuhan) nova mídia constituindo uma nova mensagem. Nossas horas de vigília agora se dividem entre os domínios do on-line e do off-line, com a parcela do primeiro crescendo constantemente à custa do segundo. Os dois domínios diferem consideravelmente, e há razões para esperar que eles possam produzir impactos também consideravelmente diferentes sobre os processos de autoformação e autorreformação. Os sinais que emitem e as estratégias que estimulam não são desde logo comparáveis; em alguns aspectos, eles estão em conflito entre si.

Uma diferença muito evidente entre os dois domínios (e provavelmente a principal responsável pelo espetacular sucesso e pela expansão incontrolável dos substitutos eletrônicos dos encontros face a face) está no grau de conforto e conveniência da interação com os públicos disponíveis. As negociações de Mead entre o "mim" e o "eu", e o trabalho envolvido no processo em que o self obtém o reconhecimento social de que ele necessita e que reivindica, foram simplificadas e facilitadas on-line a ponto de se tornarem irreconhecíveis, já que os acordos e capitulações que inevitavelmente exigem algumas vezes em sua versão off-line são, dentro dos domínios do on-line, reduzidos a um mínimo, se não totalmente evitados – graças ao recurso da entrada e saída rápida, fácil e indolor de suas redes, em aguda oposição aos procedimentos off-line, demorados, cansativos e desconfortáveis. Se as negociações forem muito desagradáveis e as condições forem muito rígidas para o gosto ou a resistência do self, há uma abundância de outras "redes" às quais podem ser reenviadas as solicitações de inscrição do self, juntamente com sua devoção.

Além disso, existe a opção (cada vez mais popular e também comum e pragmaticamente adotada) de manter, *ao mesmo tempo*, essas "relações múltiplas" que você assinalou, cada qual exigindo um self um tanto modificado e por vezes totalmente diferente, ou, de qualquer forma, sua representação muito diversa. O resultado é o cancelamento dos postulados da coerência e da consistência, os quais já constaram entre os mais sérios requisitos, e os mais difíceis de atender, que a autoformação poderia conter. Em vez da questão da "apresentação do self em público", os usuários on-line confrontam-se com o problema da "apresentação do self em *públicos*" – mudança fatal que ao mesmo tempo complica e facilita enormemente sua tarefa. Esses processos de autoformação, autoapresentação e autonegociação são privados, no domínio on-line, de alguns dos riscos mais desconfortáveis que lhes são associados. As perdas podem ser compensadas, e de fato o são, ainda que com resultados variados.

Em suma, a questão da dinâmica do self parece estar caminhando/vagando do domínio dos espaços cognitivos e morais para o da estética.[6]

RR: A questão de como se constitui o público é boa, e sem dúvida você está correto ao afirmar que ele é, na maior parte do tempo, heterogêneo. Um ou uma estudante que levanta a mão e faz uma pergunta após uma palestra está, definitivamente, pelo menos tão atento/a a seus colegas quanto ao professor ao qual a pergunta é endereçada. Assim, em alguns países, não se formulam perguntas, pois ninguém deseja parecer estúpido, enquanto em outros, muitas perguntas são feitas precisamente pela mesma razão. Entretanto, em ambos os casos, o que de fato importa mais não são as verdadeiras expectativas dos colegas, mas a ideia do self em ação sobre quais sejam essas expectativas – a imagem que A tem da imagem que B tem de A, como você disse. Não que A não deseje desafiá-la e manipulá-la, muito pelo contrário. Tal como no palco ou na tela, a melhor parte do desempenho de um ator depende de sua habilidade em apresentar o que não sabemos que esperamos; eu diria que essas autoapresentações exitosas e convincentes tanto se conformam às imagens que seus destinatários preveem quanto as desafiam.

Friedrich Schleiermacher uma vez dividiu todos os textos em três tipos: os clássicos, que são produtivos em sua forma; os originais, inovadores em suas ideias; e os dos gênios, que fazem as duas coisas ao mesmo tempo.[7] A maioria dos textos cai numa das duas primeiras categorias, pois são mais funcionais, fornecendo a seus destinatários claras orientações implícitas sobre como abordá-los. Evidentemente, é também por isso que o gênio em geral é incompreendido. Mas não é verdade que o mesmo se aplica em toda parte às autorrepresentações? Ou elas se conformam a certo padrão de comportamento convencional, que facilita a recepção daquilo que têm a dizer, ou não, o que inicialmente força os públicos a buscar uma chave, um código para interpretá-las. Na sociedade contemporânea, contudo, a maior parte desse comportamento errático já foi classificada e codificada. Quando um artista, por exemplo, se veste de forma extravagante ou um poeta se apresenta num evento público mais do que ligeiramente embriagado, eles não estão desafiando as normas aceitas, mas, na verdade, confirmando-as. Nos termos de Schleiermacher, você pode ser clássico ou original, mas não há espaço para o gênio. Por um bom tempo, os que queriam ser "diferentes" tinham de comprar suas roupas numa cadeia de lojas. A individualidade tem se tornado, num grau significativo, uma questão de escolha entre marcas. Interessante a escolha do termo, "marca" – uma versão contemporânea das marcas feitas no gado para diferençar o rebanho de um dono daquele de outro, agora usada com orgulho e a um custo considerá-vel. E tornando seus usuários "legíveis" para seus pares.

ZB: O "gênio" de Schleiermacher, tal como o "Messias" de Kafka, "vem no dia seguinte ao de sua chegada", o que simplesmente significa, de uma forma tautológica apenas ligeiramente embe-lezada, que ou ele é reconhecido como tal *retrospectivamente*, ou nunca nos ocorre atribuir-lhe esse nome. Seguir a rotina significa a *invisibilidade*, "esconder-se sob a luz", ao estilo do *das Man* heideggeriano ou do *l'on* sartriano. Quebrar a rotina, por outro lado, garante a *visibilidade* apenas à moda de Heróstrato; ainda que por um motivo bem diferente, ninguém, a não ser mani-queístas dedicados, chamaria um perturbador impertinente da rotina de "gênio", muito menos de "Messias". A ideia de "gênio incompreendido" me parece, assim, um pleonasmo – a menos que se acrescente a essa incompreensão um qualificativo: "tem-porária", "por enquanto" ou "até segunda ordem". Afinal, pode-se ser "inovador" e "original" de muitíssimas maneiras, a maioria das quais se revela becos sem saída, falsos indícios ou engodos para se desviar do caminho. Qual manifestação de originalidade é a marca de um gênio e qual não passa de um equívoco para lá de comum, isso é decidido em retrospecto, e não existe um limi-te de tempo definido para essa decisão e suas futuras revisões. O padrão estabelecido por uma excêntrica e solitária inovação precisa ser primeiramente convertido numa rotina para que o esquisito seja transplantado à categoria de "gênio" pelo portão reservado aos "precursores", "predecessores", "vanguardistas" e "pioneiros" – ou mesmo "profetas".

Você está certo ao observar que as duas primeiras varieda-des de Schleiermacher são hoje mais separadas nas especulações conceituais que na prática social. Nossa época é marcada, de um lado, pela flexibilidade e fragilidade cada vez maiores, assim como pela decrescente expectativa de vida das rotinas, e de outro pela codificação e padronização da quebra de rotinas. Simmel foi o primeiro analista a prever o atual clímax desses processos interconectados; ele insistia em que, para os seres humanos de todas as partes, "a similaridade, como fato ou tendência, não é menos importante que a diferença. Das mais variadas formas, ambas são os maiores princípios de todo desenvolvimento externo e interno. Na verdade, a história cultural da espécie humana pode ser concebida como a história das lutas e tentativas de conciliação entre as duas".[8] E em seu seminal estudo da moda ele demonstrou de que forma, na prática, o choque entre impulsos igualmente poderosos – um para aderir, o outro para ficar de fora – deve ficar suspenso numa cadeia de armistícios transitórios, de curta duração.

Em nosso mundo líquido moderno de consumidores orientados por mercados de consumo, armistícios efêmeros e evanescentes seguidos por breves intervalos de cooperação transformaram-se numa norma a ponto de eliminarem, para todos os fins e propósitos práticos, a inimizade entre "pertencimento" e "ruptura". Nos círculos que estabelecem os padrões e na massa de seus seguidores, o "pertencimento" está condicionado à perpétua disposição para (e capacidade de) a "ruptura". A obediência às constantes flutuações da moda e a disposição de segui-las servem simultaneamente às duas necessidades – de similaridade e de diferença. Os opostos foram, assim, conciliados; de forma paradoxal, porém, a constante tensão entre eles é uma característica inseparável da sua forma de coexistência.

RR: Bem, não foi exatamente isso que eu quis dizer. Apesar dos esforços da indústria cultural em padronizar o extraordinário, o apetite por ele não se esgotou, não importa a velocidade com que tendências sempre novas substituam as mais recentes. E acho que essa é uma das coisas que temos de ter em mente ao abordar as performances da individualidade on-line. Minhas versões off-line são sempre predeterminadas por uma série de fatores sobre os quais tenho pouca ou nenhuma influência – minha idade, meu gênero, meus recursos limitados –, e seu sucesso ou fracasso é sempre o resultado de encontros com públicos muito particulares, as pessoas do meu aqui e agora. Mesmo pelo filtro da TV, para atingir o que David Foster Wallace chamou de "assistibilidade", a "qualidade mais significativa das pessoas realmente vivas",[9] e também o principal pré-requisito do sucesso visual, devo me modificar e me ajustar a um ponto por vezes além do meu alcance. Minhas versões on-line, porém, são muito mais totalmente as manifestações de minha própria vontade, minha própria imagem de quem eu sou. É desnecessário dizer que elas não se desenvolvem num espaço vazio, mas refletem os ideais e ideias do mundo circundante.

Por exemplo, as redes sociais estão cheias de retratos tristes e ridículos – alguns deles selfies de quem os postou, outros publicados como sátiras do que as pessoas pensam que as torna sexies. Podemos perceber o caráter visceralmente desumano do padrão do que é sexy justo onde ele falha, não onde é apresentado com sucesso e daí naturalizado de maneira que seu caráter voluntário permaneça oculto. Apesar disso, a construção de meus avatares na internet me oferece mais possibilidades que a realidade off-line. Posso ser o que eu quiser. Isso talvez seja uma representação aprimorada daquilo que sou na vida off-line, ou um personagem completamente ficcional, ou ainda algo intermediário, uma imagem construída de como desejo parecer – um verdadeiro "corpo sem órgãos" deleuziano. Posso ser quem postou, mas me torno o que foi postado.

ZB: Ou pelo menos é isso que eu presumo, tendo adquirido motivos para acreditar que esse "tornar-se" realmente aconteceu – graças às instalações adicionais que o universo on-line oferece, mas as realidades off-line inflexivelmente negam. As instalações em questão são as "câmaras de eco" ou "salas de espelhos" já mencionadas. No mundo on-line, posso construir para mim mesmo um nicho cercado de paredes impermeáveis, algo inconcebível no universo off-line, e sentir-me livre e seguro nesse abrigo; bah! Sinto-me plena e verdadeiramente no controle da escolha de um self, com sua parafernália, sua apresentação e aceitação. E posso conseguir esse feito com o simples recurso de teclar um "delete" ou "escape".

Como Jean-Claude Kaufmann resume o efeito psicológico desse ambiente: "Um indivíduo armado de um mouse imagina que [ele/ela] está no controle total e absoluto de seus contatos sociais. ... Todos os obstáculos usuais parecem ter desaparecido. Abre-se um mundo de possibilidades. ... Uma pessoa na rede é como uma criança perdida numa loja de doces."[10]

RR: Mas será isso realmente um problema? Talvez devêssemos vê-lo como outro passo no processo de libertação que evoluiu de um rígido sistema de classes para uma comunidade de indivíduos baseada no mérito e muito mais igualitária. Talvez nossa realidade permeada de tecnologia da informação (TI) esteja ligada a uma era pré-computador da mesma forma que um apartamento urbano totalmente mobiliado está ligado a uma casa de fazenda tradicional, com um sanitário sem água do lado de fora e todo o trabalho doméstico feito manualmente. Claro, as tortas feitas em casa são mais gostosas, mas será que isso compensa o trabalho – e as carreiras a que as donas de casa têm de renunciar? Será que devemos examinar a situação tendo em mente um procedimento semelhante à anulação da oposição entre voz e escrita, na linha de Jacques Derrida?[11] Para este, a "escrita", embora em seu atual sentido de fenômeno historicamente muito posterior à fala, é de fato a atividade primordial, da qual a fala é apenas uma variação. Assim, quem sabe a construção de avatares esteja de fato mais próxima da essência do autodesempenho, que foi limitado por muitos fatores materiais antes do advento da internet?

Veja a arte, por exemplo. Está na natureza das práticas culturais terem de ser redefinidas a cada nova mudança de paradigma aprovada e produtiva. Com o advento da arte moderna e contemporânea, as definições tradicionais se tornaram obsoletas, mas as novas definições, apesar de tudo, tinham de apreender algo essencial, algo que iria abranger tanto as antigas formas de arte quanto as novas, que haviam surgido em oposição a elas. Assim, será que, em vez de problematizar as formas de vida on-line da internet, deveríamos buscar algo que unifique a construção de avatares com gêneros anteriores de autorrepresentação? E até, quem sabe, celebrar as novas e libertadoras possibilidades da tecnologia, em avanço constante?

ZB: Talvez isso não fosse "um problema" se o mundo on-line, decerto oculto em seu abrigo tecnológico, fosse o universo que habitássemos. Nesse caso, dificilmente o descobriríamos vivendo nele com um "problema". Não é assim, porém, que nossa condição se apresenta a nós mesmos e que a vivenciamos: habitamos hoje *dois* universos, o on-line e o off-line, cada qual com suas regras, seus códigos de comportamento e conjuntos de opções, mutuamente contraditórias e inconciliáveis em mais de um aspecto – porém, agora, somos pessoas que viajam infatigavelmente para o trabalho, passando muitas vezes por dia de um universo a outro, e de volta ao primeiro, e com muita frequência isolados em ambos, simultaneamente. Os dois universos podem ser inconciliáveis, mas não conseguimos deixar de tentar contribuir nessa extraordinária tarefa de conciliação. Os erros resultantes de se confundirem as exigências de um universo com as do outro são inevitáveis, e com muita frequência prejudiciais, tanto à autoestima quanto às relações interpessoais: ao self da própria pessoa e à sua percepção e avaliação públicas. Além disso, as vantagens da relativa facilidade da vida on-line em comparação com os problemas e atribulações da complicada existência off-line fazem com que os usuários da internet gradualmente depreciem e des-aprendam (ou, antes de tudo, deixem de perceber) as habilidades necessárias para enfrentar as demandas off-line – a consequente invalidação fazendo essas demandas parecer ainda mais alarmantes e assustadoras, desagradáveis e repulsivas.

RR: Nem tenho mais tanta certeza sobre a existência de dois universos quando vejo uma pessoa atravessando a rua e digitando ao mesmo tempo, ou fazendo a mesma coisa na companhia de amigos. As fronteiras entre as vidas on-line e off-line estão ficando mais nebulosas a cada invenção, de modo que provavelmente acabaremos com apenas um mundo que não será nem uma coisa nem outra. Pessoalmente, não sou tão otimista quanto os propagandistas do Google Glass, prometendo que em breve nosso campo de visão estará saturado de hiperlinks – talvez mais provável seja uma situação em que você esteja vendo uma multiplicidade de mensagens de erros superpostas ao que lê: "404 Não Encontrado", "Baixando 23%...", "O servidor não responde. Tente mais tarde".

Seja como for, posso imaginar um contra-argumento mais sério à visão entusiástica das possibilidades libertadoras da nova tecnologia: um contra-argumento relacionado ao significado que a expressão "ser humano" tem para nós. Descontínua e sujeita a rápidas mudanças como possa ser nossa vida off-line, a vida on-line o é muito mais, e é muito mais fácil sair dela (quase) sem deixar vestígios. Não estou falando de megadados que podem ser pesquisados a qualquer momento em bancos de dados secretos, mas sobre a facilidade de mudar a foto do meu perfil ou de eliminar pessoas hostis das quais não gosto. Sou aquilo que posto, mas posso editar meus posts o tempo todo. Isso é um pouco como o que você chamou de "câmaras de eco", cercando-me apenas de pessoas que concordam comigo. Mas é ainda mais que isso, porque me oferece a liberdade de abandonar essa câmara de eco quando quiser e construir outra nova para mim, se por algum motivo a antiga não me satisfizer mais.

Isso, para mim, é um grande problema: a saída fácil. Problemas existenciais não precisam ser resolvidos, desafios não precisam ser superados – podem ser descartados. Evidentemente, sabemos que é impossível encontrar uma solução final para um problema existencial grave. Em minha mente, são essas soluções temporárias, imperfeitas, que fazem de nós o que somos, seres humanos. Mas se posso editar e eliminar todas as minhas imperfeições em vez de trabalhar para resolvê-las, onde é que isso me deixa?

ZB: Nesse ponto, minha concordância com você não poderia ser maior! Eu acrescentaria, porém, a "o significado que a expressão 'ser humano' tem para nós" também "o significado que 'ser feliz' (ou ter uma vida satisfatória) tem para nós" – de forma ainda mais enfática pelo fato de a interpretação equivocada desse significado ser tão generalizada. Numa série de ocasiões, entrevistadores de todo tipo têm me perguntado se acho que minha vida foi feliz. Nunca encontrei melhor resposta do que citar (*toutes proportions gardées!*) aquela que foi dada por Johann Wolfgang Goethe quando lhe indagaram, ao atingir quase – não exatamente a mesma – a idade que tenho hoje, se tinha tido uma vida feliz. Ele respondeu que tivera uma *vida* feliz, embora não conseguisse se lembrar de uma única *semana* feliz. Creio que a mensagem facilmente decifrável que ele tentou – e conseguiu – transmitir com sua resposta é agora, tal como foi então, crucial para nossa compreensão da natureza da felicidade: ou seja, que o sentimento de felicidade não deriva de uma vida livre de problemas, mas de enfrentar diretamente esses problemas e com o visor levantado – e então resistir a eles, lutar, resolver, superar. Pensamento semelhante foi expresso por Goethe em um de seus poemas: "*alles in der Welt lässt sich ertragen/ Nur nicht eine Reihe von schönen Tagen*" (traduzindo: "tudo no mundo é suportável,/ exceto uma sequência de dias lindos"). A alternativa a enfrentar os problemas e resolvê-los não é a felicidade, mas o tédio, o fastio, a melancolia.

RR: Exatamente. Lembre-se do que eu disse sobre os erros gerais da tradução de "sofrimento" nos textos budistas: a alegria é semelhante à dor pelo fato de, nas duas condições, o que realmente não desejamos é que a experiência precisa do momento presente se prolongue indefinidamente. Mas será que a "felicidade" não seria como um conceito prático, orgânico, para a maioria das pessoas, uma questão de emulação? Se, por um lado, concordamos que o mundo não pode denotar uma condição uniforme, realisticamente sustentável, em função de nossas limitações biológicas, sociais e culturais, mas, por outro lado, não se pode abrir mão do ideal de felicidade como padrão de autorrealização, então a saída fácil é encontrar substitutivos para a felicidade.

A ideia de emulação decerto não é nova e sem dúvida não se limita a coisas materiais, como os estilos de vida que se podem comprar em grandes magazines, juntamente com os acessórios. A antiga ética chinesa operava com a emulação de modelos. *Os analectos* de

Confúcio estão cheios de afirmações sobre o que o "homem nobre" faria em determinada situação, e seus rivais daoistas explicam as mesmas coisas sobre "o sábio consciente". Mais tarde, os poetas emularam os colegas que os antecederam não apenas na escrita, mas também na vida, e assim fizeram, deduzo eu, muitos dos boêmios aspirantes da Paris do *fin-de-siècle*, por vezes conscientemente, ao que parece, emulando padrões prescritos de infelicidade e sofrimento que eram os pré-requisitos para a autorrealização final. O mesmo deve ter sido válido para místicos como Tomás de Kempis, que ensinou seus seguidores a imitar (= emular) o próprio Cristo. Ou lembremos o conselho de Pascal àqueles que estavam perdendo a fé:

> Você gostaria de ter fé, mas não sabe o caminho; você quer se curar da descrença e pede um remédio para isso. Aprenda com aqueles que estiveram presos como você e que agora apostam todas as suas posses. São pessoas que conhecem o caminho que você gostaria de seguir e que se curaram de todas as doenças de que você será curado. Siga o caminho pelo qual começaram: agindo como se acreditassem, tomando a água benta, assistindo à missa etc. Mesmo isso vai naturalmente fazê-lo acreditar e pôr fim à sua resistência.[12]

Slavoj Žižek comenta essa passagem: "A resposta final de Pascal, portanto, é: abandone a argumentação racional e submeta-se simplesmente ao ritual ideológico, bestifique-se repetindo gestos sem sentido, aja *como se* já acreditasse, e a crença virá por si mesma."[13] O problema dessa interpretação é que esses gestos, ou imagens, ou mantras, não são inexpressivos. Pelo contrário: são atos fundamentais de significação que dão sentido e os reorganizam da maneira mais profunda. E o contexto para realizar essa conversão não é necessariamente ideológico na acepção estrita da palavra. Um novo membro da academia pronunciando pela primeira vez palavras como "simulacro" ou "diferença" (ó, como me lembro bem disso) não é fundamentalmente diferente de uma garota interiorana articulando termos como "Harrods" ou "Galeries Lafayette" ao contar à amiga para onde está indo. A diferença não é tanto entre os mecanismos do que está ocorrendo, mas entre os sistemas de apoio, os princípios que essa conversa-performance introduz em nossa vida e as mudanças que nelas podem produzir – tal como uma conversão religiosa do mesmo tipo pode abrir o caminho para se tornar um fundamentalista violento ou um pacífico voluntário que cuida dos desvalidos.

Isso nos leva de volta à questão da performance como forma de autoprodução. A emulação deveria ser, por definição, seu exato oposto, mas não é. Em primeiro lugar, emular um modelo em geral é em benefício de um público, ainda que composto unicamente do próprio responsável pela performance. Em segundo lugar, nas formas mais disseminadas, a emulação é parcial. Nunca vou ser a pessoa que aparece num comercial, assim como jamais serei meu professor, nem, nesse sentido, Cristo ou Elvis Presley. Mas posso comprar as roupas e fazer citações tiradas dos mesmos livros que meu professor usava. Assim, a emulação não é necessariamente tão completa quanto seria uma conversão religiosa, embora o ato em si não seja fundamentalmente diferente. A emulação é muito semelhante a uma técnica de bricolagem, para usar o termo de Claude Lévi-Strauss para a reunião de fatias e pedaços heterogêneos em novas totalidades funcionais, as quais derivam sua unidade não de suas origens, mas da maneira como se relacionam. Essa relação é precisamente o tipo de self que a emulação pode ajudar a produzir.

ZB: Permita-me responder em ordem inversa, começando pela conexão/oposição entre emulação e autocriação.

Uma vez mais concordo que os dois aspectos da emulação são interligados, passíveis de distinção apenas como conceitos, mas dificilmente na prática. Derrida também sugeriu falar de "iteração", em vez de empregar o termo comum "reiteração": nenhuma repetição ou reprodução aparente é plenamente idêntica ao que é repetido ou reproduzido. Três séculos antes, Leibniz entretinha as damas da corte atribuindo-lhes a tarefa muitíssimo demorada e, em última instância, destinada ao fracasso de encontrar duas folhas idênticas nos amplos jardins do palácio.

Isso esgota o tema da identidade *sincrônica*; quanto à versão *diacrônica* dessa conexão/oposição, 2 mil anos atrás Heráclito resolveu o problema observando que você não pode entrar no mesmo rio duas vezes. Ele estaria certo se esclarecesse que essa regra atua nas duas direções: nem *o rio* no qual você entra "de novo" pode ser "o mesmo" que era da primeira vez, nem o *você* que entrou no rio pela primeira vez é o mesmo na segunda tentativa.

Na verdade, a produção do self só pode ser uma interação contínua, incessante, eternamente inconclusa e ilimitada entre um "eu" e (tomando de empréstimo a distinção feita por Martin Buber) um "tu" ou um "isso". *Nenhum* dos agentes envolvidos consegue sair inalterado dessa interação. "Interação" equivale, em última instância, à interconectividade das transformações dos agentes; pode ser apresentada como uma espiral de mudanças identitárias interconectadas. Não fosse a dissimilaridade dos agentes envolvidos, não haveria nem um impulso nem a substância de seu entrelaçamento. A "espiral" é um produto das ações complementares dos dois agentes – o "eu" e o "mundo" (uma abreviatura da soma total dos "não eus").

"De fato, não desejamos que o momento presente se prolongue indefinidamente", você diz. Deveria ter acrescentado: nem nos é *possível* desejá-lo; como o Fausto de Goethe aprendeu da maneira mais difícil ao enfrentar a danação eterna, implorando num breve momento "*Verweile doch! du bist so schön!*" ("Ó, para! És tão formoso!"). A felicidade, como insistia Freud, não tem o poder da permanência; não está aqui para ficar – muito menos indefinidamente. A felicidade é algo atrás do qual se deve ir. A felicidade é uma *mudança* do statu quo – o momento de fugir de uma perturbação peculiar e pôr fim a uma exasperação particular; por definição, não pode sobreviver a esse momento por muito tempo. Não sobrevive à sua própria presença prolongada, a "longa sequência de dias ensolarados" de Goethe. Na verdade, poder-se-ia até fantasiar que o anseio de felicidade foi instilado a fim de nos tornar as criaturas incuravelmente prospectivas, letárgicas e transgressivas que somos.

O problema é que, embora o fato de o "*estado* de felicidade" estar além do nosso alcance (talvez até sendo uma contradição em termos) seja ao mesmo tempo a garantia e a causa efetiva da curiosidade insaciável e da sede inesgotável por novidade, assim como uma fonte inexaurível de energia criativa – a convicção de que o estado de felicidade não passa de uma fantasia pode muito bem fazer com que essa curiosidade e essa sede diminuam e desapareçam; ela consiste, porém, nas convicções opostas, contrafactuais –, a crença em sua *possibilidade*, ou pelo menos a descrença na futilidade final dos esforços para obrigar o estado de felicidade a permanecer – essa é a condição sine qua non de todo e qualquer impulso de melhoramento.

Bem, Deus sendo distante, impenetrável à escassa capacidade de compreensão dos simples seres humanos e relutante em dirimir suas dúvidas, nós, seres humanos, estamos inclinados a nos contentar com Seus substitutos do tipo faça você mesmo: os "fe(i)tiches" de Bruno Latour, ídolos feitos pelo homem aos quais imputamos origens e conexões supostamente sobre-humanas. Como a felicidade compartilha com Deus as qualidades do não envolvimento, da incompreensibilidade e da inatingibilidade, nós, que buscamos a felicidade, devemos nos contentar com os "fe(i) tiches" das "autoridades" – como os "homens nobres" de Confúcio ou os "sábios" daoistas que você mencionou. Os santos cristãos (suspeito que Tomás de Kempis tenha ido longe demais em sua advertência aos fiéis, podendo ser alvo da acusação de blasfêmia) ou os *tzadiks* judeus; ou, mais próximo de nosso tempo, os loquazes "gurus" ou os ruidosos porta-vozes dos silenciosos, ou, ainda, hoje, os celebrados ídolos ou as celebridades idolatradas do momento. O que os une acima das idades que os separam é o fato de serem reconhecidos como faróis ou placas de trânsito – autoridades pronunciando-se sobre a escolha do "caminho certo": do modo de vida que promete levar a um estado de felicidade, quaisquer que sejam sua definição e sua denominação.

No passado essa autoridade era atribuída aos professores; atualmente, está mais associada a exemplos pessoais. Tanto uns quanto outros são "pessoas que conhecem o caminho que podes percorrer e estão curadas do mal de que te podes curar", também citando Pascal – ou, mais precisamente, pessoas *reconhecidas* por conhecerem o caminho, e que você acredita, em função desse reconhecimento, terem sido curadas da aflição da qual deseja ser curado; e, mais importante, curar a *si mesmo* graças à sua conversão deliberada, fervorosa e determinada, ainda que difícil e onerosa, a uma nova fé, uma nova hierarquia de valores e preferências, uma nova dieta, um novo estilo de vida ou uma nova estratégia a ser empregada ao iniciar, manter e terminar relações com outras pessoas. Ou apenas graças à mudança para lugares que ainda não visitou ou ao tentar atividades ou relações que nunca experimentou. Como diz Joseph Brodsky,

> você pode assumir novos empregos, residências, companhias, países, climas; pode assumir a promiscuidade, o álcool, viagens, aulas de culinária, psicanálise. ... Na verdade, pode fazer tudo isso simultaneamente, e por algum tempo talvez funcione. Até, claro, o dia em que você acorda no seu quarto, em meio a uma nova família e um papel de parede diferente, num estado e num clima diferentes, com um monte de contas do agente de viagens e do psicanalista, mas com o mesmo sentimento de enfado em relação à luz do dia atravessando a janela.[14]

Você também está certo ao discordar da interpretação que Žižek faz de Pascal e ao insistir em que os "gestos, ou imagens, ou mantras" obtidos, apropriados e empregados no ato da conversão "não são inexpressivos". Os rituais que assinalam a conversão na verdade são vivenciados como se proporcionassem o significado da vida, até então ausente, embora avidamente desejado, pelo menos em suas expectativas mais próximas (pouca vontade/ousadia, se é que alguma, de olhar mais adiante para um futuro imprevisível) – e isso se dá sob a autoridade da multidão de seus seguidores e o testemunho do grande número de "curtidas" registrado em sua versão para o website. Segundo a sabedoria popular inglesa, "numa tempestade, qualquer porto serve". A "tempestade", no caso particular de nossa atual condição, representa o estonteante, desconcertante e atordoante redemoinho de revelações, previsões, augúrios, conselhos e recomendações que envelhecem rapidamente; nessas circunstâncias, qualquer receita que se apresente para a felicidade pode significar um "porto".

Suspeito que a vantagem hoje evidente das celebridades (pessoas, segundo a definição inteligente e divertida, embora cáustica, de Daniel J. Boorstin, que "são bem conhecidas por serem bem conhecidas") sobre os santos ou sábios tem alguma dívida para com sua endêmica transitoriedade, justaposta ao caráter eterno da santidade dos santos e da sabedoria dos sábios. Essa transitoriedade e essa ausência notória de um poder permanente se ajustam melhor à experiência derivada de viver nas condições "líquidas modernas" e à atual antipatia por compromissos de longo prazo, ainda mais indefinidos, e escolhas irreversíveis. Outra vantagem das celebridades é o fato de se absterem de exigir que essa emulação seja total e exclusiva. Ao contrário dos santos ou sábios, elas são tolerantes em relação à infidelidade – uma bênção para pessoas colocadas na categoria de infiéis por aquele decreto do destino denominado "condição moderna".

RR: Um bom tempo atrás, Peter Stromberg comparou as celebridades de nosso mundo às deidades que fazem a mediação entre nós e a esfera do divino. Como diz ele:

> As celebridades são deidades por serem os mediadores mais importantes no consumismo americano; como a deidade cristã Jesus Cristo, elas são ao mesmo tempo seres humanos e Deus. São as que participam dos dois mundos, aquele em que todos nós vivemos e aquele a que todos aspiramos. Embora tenham começado como mortais, da mesma forma que você e eu, elas vivem sua vida atual em nossa ideia de céu, o mundo apresentado pela publicidade, onde as pessoas são felizes, belas, espertas, satisfeitas, audaciosas, amigáveis, e assim por diante. ... As pequenas dificuldades que

ocorrem até no paraíso – divórcio, vícios, por vezes até um suicídio – são fascinantes, pois revelam que essas celestiais criaturas são exatamente como nós.[15]

Assim sendo, conclui ele, os americanos (ou, nesse sentido, qualquer vetor da cultura contemporânea) acreditam que "a vida que levam dia após dia pode – deve – ser mudada por meio de sua própria transformação. O self pode ser alterado pelo consumo".[16] Nessa perspectiva, o consumo não é mais a satisfação de nossas próprias necessidades, sejam elas reais ou imaginárias, mas tornou-se uma prática religiosa de tipo baudrillardiano, baseada na emulação. Ao usar a cueca da marca Björn Borg eu compartilho o corpo de Björn Borg, tal como um cristão, durante a eucaristia, compartilha o corpo de Deus. Ainda que apenas num detalhe (e embora ninguém possa ver), isso ainda é uma performance, mas uma performance em que não sou mais o autor do roteiro. De modo semelhante, usando determinada marca de flocos de milho, eu ligo minha mesa do café da manhã, irritantemente barulhenta, àquela família bonita e feliz que aparece no comercial, de modo que, embora meus parentes mais próximos não correspondam a esse ideal, eles ainda serão compostos, parcialmente, da mesma matéria dos seres celestiais que dele usufruem do outro lado da tela de TV.

George Carlin uma vez sugeriu que os comerciais deveriam ser mais violentamente realistas em vez de mostrar um mundo idealizado, com mensagens do tipo "Pai, quando acabar de bater na mamãe, me passe um pouco mais dessa bosta com passas, ok?".[17] No entanto, não são os flocos de milho que são vendidos no anúncio, mas o momento religioso da identificação. Posso desejar uma ponte realista para a realidade do produto quando ele me é vendido com base em suas propriedades funcionais – por exemplo, se for um detergente ou uma furadeira elétrica. Uma garota angelical seria menos capaz de me convencer da superioridade de um produto desses que uma dona de casa consciente fazendo as perguntas certas ou um trabalhador experiente com as mãos sujas de graxa. Mas o cereal do café da manhã (a menos que me seja vendido como particularmente saudável ou algo assim) compete com outros do mesmo tipo por esse valor simbólico agregado, e não por suas qualidades em matéria de gosto. No mundo da moda – ou das artes, como afirmou Pierre Bourdieu[18] –, o processo pode até funcionar na direção oposta: a nova cor não é promovida pela butique porque está para entrar na moda, ela está para entrar na moda porque essa butique a promove.

Qual é o resultado disso para alguém que realmente não gosta dessa cor? Você tem uma escolha, como sempre: ou realiza o movimento que vai colocá-lo um pouco à frente dos outros, e assim aumenta a energia do processo, ou conscientemente se recusa a fazê-lo. Será que pode fazer *isso* sem uma performance? Não creio. Numa tela mínima dentro de mim, ainda preciso encenar para mim mesmo essa peça mínima: sou aquele que se recusa a acompanhar a escolha das massas. Será que isso não exige, na verdade, um espetáculo ainda mais convincente que a ratificação (possivelmente pascaliana) de uma das últimas tendências?

Permita-me acrescentar que, se for assim – se não houver escolha –, devemos então pensar sobre a performance em termos totalmente diferentes do ponto de vista ético. Não há nada de errado em fazê-lo: enquanto formos nós mesmos, é como respirar. Se, ao apresentar minha escolha a mim mesmo, torno possível defender os valores e princípios que me são caros, então a pequena divisão de mim mesmo entre um ator e um público serve a um propósito válido. Você falou há pouco sobre Mead e sua distinção entre o "eu" e o "mim". Charles S. Peirce via o "mim" num diálogo com um "você" interno, e os sociólogos com frequência falam de "outros seres significantes" internalizados pelo "eu" a ponto de se tornarem constituintes de sua individualidade. Se aceitarmos que o self é internamente dialógico ou polilógico, então ele precisa estar atuando constantemente, não?

Também concordamos antes que, mesmo que o self esteja na realidade atuando diante de um público, existe uma diferença entre o que realmente acontece e a performance interna do self diante do público que ele imagina. O que precisamos observar, contudo, é que a eficácia dessa performance depende da ratificação tanto do público interno quanto do externo. Imagine um músico realmente talentoso que seja tão excessivamente autocrítico que, não importa por quanto tempo o público o aplauda, ele ainda pense que as pessoas fazem isso apenas por cortesia, fingindo não ter percebido suas falhas profundamente lamentáveis.

ZB: O "self" é igualmente um determinante e um produto da interação. Essa que é a mais privada das propriedades humanas também é uma das mais dependentes da sociabilidade humana. Não fôssemos nós animais sociais, provavelmente nunca chegaríamos à ideia de que somos ou temos "selves". É em interação com os outros (como você corretamente aponta, aqueles "lá fora", assim como os já incorporados como "outros seres significantes" e estabelecidos dentro do self numa perpétua sessão de tribunal, no infindável julgamento do caso "Mim" versus "Eu") que a consciência de "ter um self" ou mesmo "ser um self" se evidencia para nós, e o trabalho permanente de construir e reconstruir identidades é realizado. Como você corretamente afirma, "enquanto formos nós mesmos, é como respirar".

No início da interação, a apresentação do "self" desempenha o papel de um cartão de visita: um símbolo de autoapresentação (nos romances do século XIX, um dos temas mais frequentes eram pessoas implorando a conhecidos seus que as "apresentassem" a esta ou àquela mulher atraente, a este ou àquele homem influente; agora, numa sociedade em que os símbolos de identidade são estocados e vendidos em lojas, as apresentações tendem a ser tarefas do tipo "faça você mesmo", com as modas assumindo o ofício de porteiro). Cartões de visita precisam ser escritos naquilo que hoje passa por vernáculo, e de forma legível, do contrário não atingem seu propósito. Hoje esses cartões são impressos no corpo, num dialeto estilístico ou no patoá da afetação e da aparência – e não mantidos, como os cartões de visita de outrora, no bolso do colete, a serem apresentados em algumas ocasiões e ali permanecendo em todas as outras, prontos para serem puxados.

Aos equivalentes contemporâneos desses cartões de visita de outrora se atribui a tarefa adicional de selecionar, segundo o padrão dos mísseis inteligentes, seus alvos – os destinatários aos quais eles enviam o convite à interação – e a tarefa paralela de manter à distância os outros, aos quais o convite não deve ser estendido. Vistos do outro lado, o dos "destinatários", eles são pedidos de admissão ou expressões da indisposição de comparecer; os selves precisam, por assim dizer, combinar essas duas competências – exatamente como na anedota inglesa em que o náufrago abandonado numa ilha desabitada sente a necessidade de construir duas choupanas para se acrescentarem à que ele chama de lar: uma abrigando um clube a ser visitado toda noite, a outra dentro da qual ele mantinha a resolução de nunca pôr os pés.

Bem, celebridades não são deidades; elas, juntamente com suas expressões audíveis/tangíveis, apenas substituíram os santos e sua aparência de colar ou distintivo como símbolos concebivelmente reconhecíveis da identidade do self – tendo descartado no caminho a "conexão de santidade" de seus antecedentes. O que une deidades e celebridades são as reivindicações e os símbolos de pertencimento que elas representam; todas as outras semelhanças, se é que existem, são (tomando de empréstimo a expressão empregada por produtores de cinema avessos a advogados) "fruto de puro acaso". Mas é sua diferença que faz a diferença: é o fato de substituírem que joga mais luz sobre a mudança profunda nas estratégias de produção do self que têm sido empregadas em nossos tempos "líquidos modernos" – mudança que reflete alterações na substância e na estratégia da sociabilidade e na interação de individualidade e pertencimento.

Num ensaio intitulado "De mártir a herói e de herói a celebridade", eu escrevi:

> Em contraste com o caso dos mártires ou heróis, cuja fama vinha de seus feitos e cuja chama era mantida acesa para comemorar esses feitos e assim reassegurar e reafirmar sua importância duradoura, as *razões* que trazem as celebridades para as luzes da

ribalta são as causas menos importantes de sua "qualidade de conhecido". O fator decisivo neste caso é a *notoriedade*, a abundância de imagens e a frequência com que seus nomes são mencionados nas transmissões públicas de rádio e TV e nas conversas privadas que a estas se seguem... As celebridades estão na boca de todos: são nomes familiares em *todas* as famílias. Tal como os mártires e heróis, fornecem uma espécie de cola que aproxima e mantém juntos grupos de pessoas que sem elas seriam difusos e dispersos. Poderíamos ser tentados a dizer que hoje em dia elas são os principais fatores geradores de comunidades, caso as comunidades em questão fossem não apenas imaginadas, como na sociedade da era sólida moderna, mas também imaginárias, à maneira de aparições; e acima de tudo frouxamente unidas, frágeis, voláteis e reconhecidas como efêmeras. É principalmente por essa razão que as celebridades se sentem tão à vontade no ambiente líquido moderno: a modernidade líquida é seu nicho ecológico natural.[19]

Celebridades não exigem compromissos e lealdade incondicionais – dois requisitos que colocam muitos indivíduos imersos no mundo líquido moderno fora das comunidades estritamente entrelaçadas, no estilo antigo, e os estimulam a escolher em vez disso as "redes", que se distinguem pela extrema facilidade de conexão e desconexão, adesão e afastamento. Celebridades também não reivindicam direitos exclusivos de serem emuladas; independentemente do entusiasmo e da dedicação momentâneos dos usuários de camisetas com a imagem da celebridade A, sempre existe espaço em seu guarda-roupa para camisetas com efígies das celebridades B, C e muitas outras. Juntar-se ao bando de aduladores de uma celebridade não parece equivalente a abrir mão da liberdade que se tem – mas um testemunho, assim como uma confirmação e reafirmação, da liberdade do adulador. Não está em pauta nenhuma hipoteca envolvendo o futuro do indivíduo – o tipo de garantia que os "indivíduos por decreto" valorizam e preservam em elevado grau.

· 4 ·

Autorrealização

REIN RAUD: Isso nos traz a um outro círculo de problemas, o da autorrealização. Até aqui falamos do self como uma entidade dentro de um contexto estático, mas vamos agora introduzir um período de tempo mais amplo, tanto pessoal quanto social. Uma coisa é tentar emular um ideal que está prontamente disponível para esse fim, mas na maior parte do tempo a autorrealização é um processo demorado, que exige disciplina, um monte de trabalho, sem proporcionar nenhuma gratificação imediata. A recompensa, se existe, está sempre no horizonte. E, ainda assim, ao que parece, muitas pessoas normalmente pensam que a autorrealização é, a longo prazo, mais importante que a fruição imediata do presente. "Plante uma árvore, construa uma casa, crie um filho", como reza o ditado.

ZYGMUNT BAUMAN: A recompensa "está sempre no horizonte" – ou seja, creio eu: "sempre à vista, mas não ainda ao alcance"; assim diz você, e eu concordo. Mas o que é visto como recompensa para os labores da autorrealização, essa busca incessante do que perpetuamente recua no horizonte? Seria algo semelhante ao *projet de la vie* de Jean-Paul Sartre, um modelo selecionado bem cedo, "de uma vez por todas" e, uma vez selecionado, agarrado com firmeza e destinado a ser pacientemente construído, etapa por etapa, tijolo por tijolo, por toda uma vida e – segundo o padrão dos giroscópios instalados em navios de longo curso – mantendo o construtor no caminho contra todas as probabilidades? Um modelo pré-planejado, de um formato previamente conhecido/projetado ou vislumbrado, em sua totalidade, por nós, artesãos da arte da vida, *antes* de começarmos seriamente o trabalho de autorrealização, tendo em mãos um "mapa rodoviário"? Ou mesmo um modelo ainda não visualizado em sua totalidade, algo ainda nebuloso e bastante salpicado de lacunas – mas lacunas que esperamos, não obstante, serem preenchidas à medida do prosseguimento do trabalho: lacunas que estamos determinados a preencher, algum dia, de uma vez por todas? Acho que não.

Creio que o significado que a maioria das pessoas tende a inserir na atual versão da ideia de "autorrealização", atualizada como tem sido para os tempos líquidos modernos, está mais próximo da recomendação atribuída a Oliver Cromwell: "Confie em Deus, mas mantenha sua pólvora seca." Ou, para expressar a mesma máxima numa linguagem moderna: "Tenha cautela e mantenha suas opções em aberto." O que hoje mais comumente orienta os esforços de "autorrealização" não é tanto colocar os traços nos "t" e os pingos nos "i" de um modelo de self predestinado e firmemente abraçado, assim como tenaz e sistematicamente seguido – mas mantê-lo inconcluso, eternamente flexível, deixando bastante espaço para experimentar suas alternativas – conhecidas ou desconhecidas, mas que se espera surgirem e serem aprendidas. O que orienta esses esforços é o *medo da fixidez*, e não o *desejo de alcançar a linha de chegada*. A condição líquida moderna premia a flexibilidade; e, por bem ou por mal, nós obedecemos.

A ideia agora obsoleta de "autorrealização" foi cunhada para servir a um mundo relativamente estável (quer dizer, se comparado à expectativa de vida de um indivíduo), em lenta mudança, guiado por princípios éticos, hierarquias de valores e preceitos estratégicos relativamente permanentes, que se alteravam pouco a pouco. Nesse mundo, podia-se esperar que o ambiente no qual se realizava a ação, ainda que prolongada, não fosse se alterar significativamente antes que se produzisse o resultado pretendido. Num mundo assim, essa expectativa "fazia sentido"; quando projetada para a vida, também fazia sentido olhar muito adiante e fazer um planejamento de longo prazo e com objetivos estabelecidos – bem como a consistência e a determinação inflexível na tentativa de concretizar os planos segundo o objetivo fixado.

A ideia atualizada, líquida moderna, de "autorrealização" é moldada, contudo, para servir a um mundo em que a expectativa de vida de todos, ou quase todos, os ingredientes relevantes do ambiente de vida individual (tais como negócios, termos comerciais, instituições e projetos políticos, valores cultivados, distinções entre *comme il faut* e *comme il ne faut pas*, estilos de vida predominantes ou desejados etc.) está encolhendo num ritmo cada vez mais acelerado – a extensão da expectativa de vida do indivíduo é a única exceção a essa regra quase universal. Flexibilidade, não coerência; a disposição e a habilidade de mudar destinos e veículos no curso da jornada existencial, e não fixação em crenças e hábitos adquiridos; no final das contas, esquecer em vez de memorizar: esses são os lemas da vez. Trabalhar não tanto em função de uma condição ideal distante, mas aproveitando ao máximo as oportunidades, endemicamente transitórias, do momento. Como o famoso (alguns diriam abominável) adágio de Eduard Bernstein, o primeiro "revisionista": "O objetivo final do socialismo não é nada para mim, o movimento é tudo."[1] De fato é tentador qualificar a prática atual de autorrealização de "revisionista".

RR: Lamento ouvir você dizer que a ideia de autorrealização está obsoleta. Claro, posso entender por que você diz que, nos ambientes líquidos do presente, não é mais possível basear-se numa ideia de estabilidade estendendo-se para o futuro como era possível algumas décadas atrás. Com efeito, o comercial de um banco japonês, em 1972, citado por David Plath,[2] propunha um envolvimento por toda a vida a alguém que mal havia começado a trabalhar numa empresa, programando todos os eventos existenciais importantes, tais como o nascimento do filho aos 26 anos e da filha aos trinta, até o casamento desta e uma viagem à Europa alguns anos depois da aposentadoria. A ideia era de que, pagando ao banco regularmente, quantias cada vez maiores lhe seriam disponibilizadas nesses momentos pré-combinados em que você realmente precisaria arcar com a cerimônia de casamento e a viagem, ou as mensalidades da faculdade, e assim por diante. Assim, você só precisa assinar uma vez, e toda a sua vida lhe seria delineada – depois disso, basta você ir em frente. Isso lembra uma frase, dita de passagem por Marilyn Strathern, um pensamento tão cruel quanto preciso: é a classe média que formula um projeto para a vida.[3] Na verdade, os que estão "abaixo" da média não podem se dar ao luxo de imaginar suas vidas em termos de um projeto, pois estão constantemente envolvidos, antes de tudo, na luta pela sobrevivência, enquanto os que estão "acima" não precisam estabelecer compromissos de longo prazo, pois a recompensa básica – a liberdade financeira que lhes permite fazer o que quiserem sob o estímulo do momento – não é um problema para eles.

Bem, sem dúvida você está certo em dizer que, neste momento, provavelmente nenhum banco iria usar em sua publicidade esses futuros obsoletos, e dificilmente alguém que assinasse um contrato de emprego iria imaginar seriamente que este seria para a vida toda. Mas não creio que essa liquidez tenha realmente tornado obsoleta a autorrealização – ela apenas se mudou para outro lugar. Você mesmo descreveu de que modo, durante as mudanças estruturais da sociedade capitalista, o consumo substituiu o trabalho como modo de exercer a liberdade individual.[4] Mas isso também não é o que tenho em mente. Posso entender seu pessimismo mesmo acerca de "um modelo ainda não visualizado em sua totalidade, algo ainda nebuloso e bastante salpicado de lacunas". E, sim, a prática social não parece confirmar que tudo aquilo que as pessoas fazem segue o padrão de um videogame, com uma tecla "reiniciar", em vez de um passo confiante para avançar pela vida fazendo as coisas "da minha maneira", como um dia Sinatra classicamente anunciou. As pessoas passam de relação em relação, mudam de residência com muito pouca emoção e até trocam um partido político por outro com muita facilidade, de modo que parece ultrapassado falar de um processo de autorrealização que esteja em curso.

E no entanto...

Talvez sua citação de Bernstein seja mais reveladora se a aplicarmos a sociedades que realmente atingiram o socialismo, não necessariamente numa compreensão marxista do termo, como resultado de uma revolução violenta que transforma quantidade em qualidade, mas de uma forma suave e estritamente ética. Refiro-me aos países nórdicos que foram governados por partidos social-democratas durante períodos significativos, determinantes, de modo que, embora alguns deles tenham tido mais políticos de direita em posições importantes, não mudaram o ethos nórdico básico com sua abordagem igualitária, individualista, voltada para o consenso, na solução de problemas. Eu diria que, se o sucesso de um país pudesse ser medido pelo grau em que seus recursos são usados em benefício de seus habitantes, os países nórdicos se saíram espetacularmente bem, e não falo do petróleo norueguês, um avanço bem posterior. Veja a Finlândia, por exemplo, com seu clima hostil, baixa densidade populacional, uma língua difícil para os estrangeiros e nenhuma riqueza considerável nas profundezas da terra. E, no entanto, é um país que tem mais a oferecer a seu povo do que muitos dotados de maior potencial natural.

Ao examinarmos o processo nórdico, então essa frase de Bernstein logo me vem à mente. Para caminhar no rumo de um ideal social, não se pode saber antecipadamente como ele é. Não existe um destino final. Mas caminhar na direção dele é, apesar disso, a coisa mais importante. Se você o fizer, não pode imaginar que *já* é outra pessoa, um cidadão naturalizado do novo mundo, o "novo homem" de Lênin. Sim, você pode ter suas ideias sobre o que deseja se tornar e o que outros querem se tornar. Eles podem compartilhar algumas de suas ideias e rejeitar outras. Assim, o movimento em direção ao ideal muda sua visão do que seja esse ideal. E assim que você chega a algum lugar, percebe imediatamente outras coisas que precisam ser feitas para se aproximar ainda mais de como seu ideal agora lhe parece – algumas delas podem ser problemas produzidos por sua solução, outras, apenas coisas que você antes negligenciou ou que acabaram de se evidenciar.

Assim, temos aqui dois estímulos em funcionamento. De um lado, a ideia de transformar a sociedade, estar constantemente em movimento; de outro, porém, foi precisamente a ausência de uma visão ideológica rígida, de longo prazo, a ser seguida que garantiu o sucesso desse movimento. Mapas rodoviários que levam a objetivos transitórios, sim, mas não a planta de um edifício social completo que precise ser erigido de qualquer maneira. E não é exatamente isso o que a "democracia" em si significa, pois também pode ter lugar num local de luta entre formas incompatíveis de pensamento político. Nas sociedades nórdicas, contudo, o movimento segue certos princípios acordados, certa lógica que não deve ser abandonada, embora ela própria possa criar resultados sociais imprevisíveis e divergentes. De fato, essas sociedades, embora compartilhem muita coisa, são também amplamente diferentes, e não apenas em função das disposições gerais das pessoas, mas por causa das microescolhas políticas que elas fizeram. Mas um conservador nórdico normalmente não argumentaria em favor dos "valores familiares tradicionais", significando que as mulheres devem assumir seu papel no lar e não ser ativas e participar com igualdade da vida social, como o fazem.

Assim, qual o motivo dessa digressão tão longa? Talvez pudéssemos abordar a problemática da autorrealização a partir da mesma premissa: não como realizar um projeto seguindo um curso de vida estabelecido, um caminho por mim inventado ou uma trajetória a mim prescrita, mas como um movimento sem destino final, embora governado por certos princípios que escolhi para mim mesmo e aos quais me submeterei – e, se acontecer alguma coisa que os coloque em contradição, terei então de escolher novamente, optar entre eles. Quero me realizar, mas não sei quem sou: um ponto de partida que tanto Freud quanto Śākyamuni poderiam reiterar.

ZB: "Movimento sem destino final, embora governado por certos princípios que escolhi para mim mesmo e aos quais me submeterei" – sim, claro! Dificilmente poderia discordar. Mas, ao mesmo tempo, a *auto*rrealização não seria um mito altamente explorado hoje pela ideologia neoliberal agora hegemônica para encobrir a manipulação do "destino" – circunstâncias eminentemente externas, para além do meu controle – pela política neoliberal, manipulação voltada para um ataque concentrado sobre o espaço deixado a critério do caráter e de sua capacidade de manobra? Será que a estratégia descoberta meio século atrás por Michel Crozier nas práticas da burocracia francesa – a de desatar as próprias mãos e atar as dos outros – se mostrou, no fluxo do tempo, um insight premonitório sobre a distribuição radicalmente desigual das oportunidades de autorrealização – produzida em nossa individualizada sociedade de consumidores pelo poder "soft", e não "hard", pela cenoura na ponta da vara, e não pela coerção escancarada?[5] Poderíamos resistir à demanda neoliberal de resolver individualmente, com recursos individualmente possuídos e controlados, problemas sociais que são socialmente gerados? Passar do status de indivíduos de direito para o de indivíduos de fato? Bem, alguns de nós – poucos, e cada vez menos – por vezes podem. A maioria de nós, na maior parte do tempo, não pode.

Daniel Cohen, economista da Sorbonne, afirma:

> Trabalhando numa fábrica fordista de outrora, um operário é sempre um operário ("desde que não beba", como dizia Ford), qualquer que seja a trajetória que ele siga. No mundo que agora começa, o risco de "perder tudo" é permanente. O profissional de alta classe, dono de um conhecimento "único", pode ser brutalmente rebaixado à incompetência com o surgimento de uma nova tecnologia: um trabalhador "específico" é, por definição, aquele que arrisca tudo caso sua empresa vá à falência ou decida tornar seus empregados redundantes. Finalmente, o terceiro tipo de capital, acumulado no curso da vida de um indivíduo, pode ser perdido quando os trabalhadores são permanentemente excluídos do mercado de trabalho e caem no círculo vicioso da pobreza e da dessocialização.[6]

Não estaríamos todos no processo de sermos relegados, ou ficando assustados pela possibilidade real de o sermos, ao que Guy Standing chamou de "precariado"[7] – um conjunto populoso e em rápido crescimento de indivíduos cuja inserção é permitida, quando e onde o é, apenas "até segunda ordem"? – ou seja, se essa ordem chegar a ser dada antes de o infortúnio se abater sobre eles?

Aqueles poucos indivíduos (na maioria pertencentes à nova elite global) que conseguem flutuar entre os beneficiários, em vez de afundar entre os perdedores, tendem, como sugerem Luc Boltanski e Eve Chiapello, a substituir o *savoir-faire* pelo *savoir-vivre* – "enfatizando a versatilidade, a flexibilidade no trabalho e a capacidade de aprender e se adaptar a novas tarefas, em vez de possuir uma ocupação e qualidades estabelecidas, mas também a capacidade de envolvimento e comunicação, assim como qualidades relacionais".[8] Do outro lado do espectro social, existem pais cheios de preocupação quando

> se sentam à mesa de jantar mais cheia de contas que de notas de dólar, tentando imaginar a quem pagar e como poupar. ... A maioria das pessoas quer trabalhar. É um desejo humano básico: abrir caminho, suprir suas próprias necessidades e as dos entes queridos, progredir. ... Mas é fácil perceber como essa esperança lhes pode ser contestada quando obrigadas a se confrontar com a mais perturbadora das perguntas: como ir em frente quando se trabalha por um salário menor que o necessário para viver?[9]

Em outra ocasião, sugeri que as pessoas em movimento no nosso mundo líquido moderno podem ser divididas, grosso modo, em duas amplas categorias: turistas e vagabundos; os turistas são vagabundos por livre e agradável escolha, enquanto os vagabundos são turistas por uma necessidade temida e detestada, porém inexorável. Embora por motivos absolutamente diferentes, nenhuma das duas categorias pode e/ou consegue sustentar-se por muito tempo.

Contra o cenário de uma sociedade em que as celebridades hoje sob as luzes da ribalta assumem o papel de guias existenciais, antes exercido por autoridades morais e professores de ética, a ambiciosa proposta da autorrealização individualmente conduzida pode sobreviver como uma aspiração de *Schöngeisten* ("estetas") de boa vontade – um anseio imprudente e descuidadamente cego para as duras realidades de uma sociedade que preestabelece as contingências contrárias à autoautonomia, à autodeterminação e à autoafirmação; contra ser obstinada, tenaz e acima de tudo exitosamente "governado por certos princípios que escolhi para mim mesmo e aos quais me submeterei". Isso não significa que não se possa seguir esse desejo – mas que, para a maioria das pessoas e na maior parte do tempo, segui-lo continua a estar teimosa, frustrante e cruelmente além de sua capacidade. Como sociólogo inveterado e provavelmente incurável, me vejo inclinado a concluir que, filosoficamente, *sub specie aeternitatis* ("da perspectiva da eternidade"), a estratégia socrática para uma vida significativa foi desde o início, e continua a ser, correta; mas que também, desde o início, e em específico na sociedade atual, a probabilidade de praticá-la com entusiasmo e eficiência continua abominavelmente baixa.

Concordo totalmente com você, quando diz que as sociedades nórdicas, tentando com diligência, como o fazem, resistir às pressões da hegemonia ideológica liberal e afastar a toxina de suas mensagens desonestas, hipócritas, pessoalmente endereçadas, demonstram que a possibilidade de tornar as realidades empíricas mais próximas dos padrões estabelecidos pela verdade moral continua viável. Mas gostaria que provássemos serem elas uma vanguarda abrindo caminho para que nós, o resto, possamos segui-las – e não uma aberração local.

RR: Talvez devêssemos mesmo fazer aqui uma distinção entre como as coisas são e como imaginamos que deveriam ser. Mas por que apenas *sub specie aeternitatis*? O início do que você acabou de dizer me lembra Epiteto e sua preocupação de não deixar que nos preocupemos com coisas totalmente fora de nosso controle. A questão é: onde é que essas coisas começam? Numa democracia, pelo menos, deveríamos ser capazes de pensar que as regras da organização social são, em princípio, produzidas por nós mesmos, e não manifestações de leis naturais, embora eu também tenha encontrado um bom número de neoliberais que me dizem que a ambição e a competição constituem características básicas, essenciais, da natureza humana, sendo o sistema econômico construído a partir delas ideal, pelo fato de refletir de modo inerente quem nós somos. Disso eu discordo.

Observando as sociedades e culturas do mundo e seu desenvolvimento histórico, não se pode afirmar coisa alguma sobre a natureza humana essencial – somos quem somos apenas agora, nas circunstâncias atuais, e também não há razão para permanecermos dessa forma, ainda que a maioria de nós provavelmente tenha diferentes opiniões sobre o que devemos manter e o que é melhor deixar para trás. Nesse sentido, se descobrimos algo que falta na mecânica sociocultural da sociedade hoje, algo que torna impossível agir com base nos princípios que consideramos filosoficamente corretos, então temos de fazer o possível para empurrar essas circunstâncias numa direção em que tais princípios sejam escolhas possíveis e viáveis para todos os que acreditem neles. Uma vez mais, lembre-se de que não existe por aí um ideal que não possa ser aperfeiçoado quando precisarmos.

Na maior parte do tempo, não precisamos sequer de uma revolução para isso. Não posso falar das necessidades mais prementes da família no beco sem saída descrito em sua citação de Charles M. Blow, pois para isso é necessária uma solução mais complexa, porém, quando pensamos no trabalhador especializado cujas habilidades podem ficar ultrapassadas em função do avanço de uma nova tecnologia – e esse é realmente um claro e atual perigo a que muitas pessoas estão expostas –, então isso poderia ser mais bem resolvido por certas mudanças no sistema educacional. Passos dados na direção oposta àquela em que as universidades europeias parecem estar se encaminhando no momento, sinto dizer. Por exemplo, segundo Frans van Vught, do Centro Europeu de Gerenciamento Estratégico de Universidades, "a União Europeia precisa de mais pessoas com graduação e que elas sejam diretamente empregáveis. Assim, a massificação da educação superior europeia precisará prosseguir e as matrículas precisarão continuar a crescer",[10] sendo a principal tarefa das universidades a produção de "grande número de trabalhadores do conhecimento capazes de ter emprego".[11] Em minha opinião, isso não faz nenhum sentido.

Quando a educação é acoplada a qualificações para o trabalho, é inescapável que ela sirva apenas às necessidades do sistema, e não à pessoa que é educada. Além disso, o critério básico de desempenho para as universidades é a eficiência: mais pessoas com graduação, e mais depressa. Como se o desenvolvimento de um ser humano não fosse um processo que avança a passo mais lento e inclui a exposição a múltiplas e contraditórias correntes de informação, assim como a questões eternas e a desafios pessoais insolúveis.

Tudo isso é "ineficiente", de modo que as universidades estão extirpando de seus currículos a maioria das coisas que não sejam diretamente relevantes para os futuros empregos imaginários de seus graduados. O problema é exatamente que esses empregos já podem ter se tornado redundantes no momento em que os estudantes realmente terminam os estudos e precisam ingressar numa carreira que nem mesmo existia quando os burocratas universitários planejaram seus "eficientíssimos" currículos. Assim, não admira que os objetivos declarados dessas reformas universitárias permanentemente em curso nunca sejam atingidos e estratégias ou projetos de nomes ambiciosos fracassem um após outro – sem qualquer consequência para os responsáveis.

De modo que, sim, podemos dizer com toda a certeza que o sistema está tentando negar ao indivíduo o direito à autorrealização. E também é verdade que a educação é apenas uma das esferas da vida que hoje divergem de todos esses valores do Iluminismo em que nossa sociedade supostamente continua a se sustentar. Mas a questão é: poderia ser essa uma característica estrutural de nossa sociedade em seu atual formato, ou apenas uma contingência que tem sido produzida por nossa falta de consciência, por preguiça

Autorrealização

política, confiança em "especialistas" que promovem seus próprios interesses? Gostaria de acreditar nessa última hipótese – em outras palavras, que em princípio todas essas questões ainda podem ser resolvidas pelos recursos que estão disponíveis na moderna sociedade democrática. E é aí que a questão da "individualidade aplicada", se é que se pode usar essa expressão, começa a ficar relevante outra vez. A "autorrealização" também implica o processo de se tornar um sujeito social, alguém capaz de tomar decisões conscientes e fazer escolhas políticas.

ZB: A multiplicidade de coisas que não podemos controlar é tamanha que não consigo imaginar que um dia seja possível fazer seu inventário completo. Sempre há novas aporias surgindo quando resolvemos mais uma contradição entre aquelas consideradas insolúveis. O trabalho de "desmistificar" o mundo deve prosseguir indefinidamente, da mesma forma que a solução de um mistério sempre faz com que outros nasçam; o número de impossibilidades há pouco identificadas é de fato a medida mais fidedigna da gravidade do mistério que acabou de ser decifrado. A crença positivista de que se resolvêssemos um dos mil problemas preocupantes e persistentes outros 999 restariam a ser resolvidos é categoricamente contraditada pela história da ciência e da cultura em geral.

Pode-se ou não concordar com a advertência de Epiteto, mas, qualquer que seja nossa posição, seríamos obrigados a admitir que a suposta impossibilidade de uma solução dificilmente impediu os seres humanos de se esforçar para encontrá-la! Parece que, se existe uma coisa com a qual não deveríamos nos preocupar – porque não a podemos controlar –, essa coisa é a propensão humana a continuar interessado em coisas que fogem ao nosso controle, teimosamente tentando entendê-las e construindo novas e mais engenhosas redes para fazer exatamente isso – isso é quase inextirpável. A história, na verdade, é uma longa (e amplamente inconclusa) cadeia de coisas até então consideradas intocáveis reclassificadas como administráveis – como a escravidão para Platão, Aristóteles ou os autores da Constituição americana; a não cidadania das mulheres para os autores da legislação eleitoral já bem avançado o século XX – ou, esperamos, a fome como único estímulo para os famintos por trabalho sendo a cobiça o único estímulo para que o ambicioso faça o faminto trabalhar, segundo os atuais defensores do corte de impostos para os ricos e da assistência social para os pobres. Ou o caso citado por você, a autoridade e o privilégio estabelecidos dos interesses empresariais expressos em termos monetários para determinar a difusão e o volume de admissões das instituições educacionais, assim como os conteúdos do conhecimento e os tipos de habilidade que elas oferecem e transmitem, como acredita Frans van Vught.

Poucas pessoas já expressaram essa simples verdade com uma clareza mais inequívoca que J.M. Coetzee, grande romancista, embora também grande filósofo e sublime analista da psique humana: "O único objetivo do corredor é chegar à frente e lá permanecer. A questão do motivo pelo qual a vida deve ser comparada a uma corrida, ou as economias nacionais devem competir entre si, e não fazer um jogging amistosamente em conjunto, nunca é sugerida. Uma corrida, uma disputa: é assim que são as coisas."[12] Mas ele acrescenta: "Nada há de inelutável em relação à guerra. Se quisermos a guerra, podemos escolher a guerra, se quisermos a paz, podemos igualmente escolher a paz. Se quisermos uma disputa, podemos escolher a disputa, mas, em vez disso, podemos tomar o caminho da colaboração amistosa."[13] Amém.

Onde é que tudo isso coloca nosso problema da autoprodução dos selves? No mesmo livro, Coetzee observa que o conceito de sinceridade (assim como, acrescentaria eu, o de autenticidade) hoje é "desprovido de qualquer significado". Na cultura atual, "poucos são capazes de distinguir entre a sinceridade e sua performance, tal como poucos distinguem a fé religiosa de sua observância".[14] A autorrealização, supostamente uma empreitada do tipo faça você mesmo e tarefa inalienável do "dono do self", é, contudo, um assunto complexo demais para as pessoas treinadas

na cultura "agorista" (ou seja, afligidas por um crescente encolhimento de sua margem de atenção, pela superficialização de
sua memória e por uma impaciência cada vez maior) resistirem
à tentação de aceitar *performances de autorrealização*, em vez da
coisa real. O trabalho da autoprodução é facilitado de maneira
considerável e radical pelo fornecimento maciço de kits de montagem produzidos em massa para performances agora recomen-
dadas – e em seguida avidamente procurados e obtidos, com a
ajuda da mídia e de cadeias de lojas especializadas em farejar e
buscar o lucro.

Não posso deixar de recordar nesse contexto a sagacidade
de Vladimir Voinovich, o brilhante escritor satírico da fase final
da União Soviética: com a construção do comunismo naquele
país finalizada em 2042, a promessa comunista de dar a cada um
conforme suas necessidades, afirmou ele, terá sido realizada: ou
seja, cada dia vai começar com uma estação de rádio do governo
anunciando quais são as necessidades da população naquele dia.[15]
A semelhança com a prática de cumprir a promessa do direito à
autorrealização mediante o fornecimento de kits para representar o que hoje passa (ou deveria passar) por um autêntico self é
simplesmente chocante.

O que também nos vem à mente é o "simulacro" de Baudrillard, em que a questão da verdade ou da ilusão busca em vão
uma resposta; ou a distinção de Erving Goffman entre a capacidade de realizar bem um trabalho e a habilidade de convencer
o público de que o trabalho foi realmente bem feito, juntamente
com sua advertência sobre a crescente ameaça representada por
"homens de confiança" dominando essa habilidade, embora fra-
cassando ou desdenhando no que se refere à aquisição e à prática
daquela capacidade. Recorrendo uma vez mais ao paralelo de
Coetzee, podemos dizer que o que hoje é anunciado e vendido
sob o rótulo de "fé religiosa" é a habilidade de realizar movimentos (ritualizados) e empregar a parafernália adequada à manifestação pública dessa perícia (genuína ou putativa).

RR: Voinovich simplesmente expressou em termos mais exuberantes aquilo que Herbert Marcuse já havia afirmado em 1964 em *O homem unidimensional*: de um lado, o modo como funciona o sistema social causa problemas para os indivíduos que tentam pelo menos preservar, se não concretizar, a si mesmos dentro dos limites desse sistema; mas, de outro, o mesmo sistema monopolizou o direito de fornecer soluções para esses problemas. E estas ele pode manipular. Ou, como diz Steven Lukes ao debater as opiniões de Bachrach e Baratz, o poder certamente é capaz de tentar influenciar quais fenômenos podem ser legitimamente considerados problemas e quais devem permanecer fora do campo das objeções justificadas.[16] Marcuse realmente mostrou como os discursos do instrumentalismo, exatamente os mesmos que hoje sustentam a ideia de "eficiência acima de tudo", têm contribuído para reduzir os problemas de princípio a dificuldades singulares, individuais, cujas soluções talvez possam ser encaminhadas deixando-se o sistema intacto.[17]

Em nossos tempos, as tendências, desde a década de 1960, têm sido de ampliar o problema, em vez de aliviá-lo (embora o avanço possa parecer, superficialmente, benéfico). Não é mais o caso de o sistema marginalizar com agressividade seus críticos. Ele lhes garante o direito de opinião e um nicho legítimo numa multiplicidade de outros nichos culturais desse tipo, onde podem exercer suas escolhas sem perturbar o arranjo de coisas mais amplo. Todo mundo, incluindo os manifestantes mais radicalmente antissistema, tem um rótulo derivado daquilo que ele/ela consente em comer e vestir. Vegetarianos e veganos, participantes do boicote à Nestlé e a outras multinacionais desfavoráveis ao meio ambiente, antiglobalistas, manifestantes contrários ao uso de peles de animais e ecoagricultores, todos têm sido integrados ao sistema da mesma forma que as subculturas musicais ou os praticantes da medicina alternativa. Espaços que no tempo de Marcuse tornavam você especial precisamente por sua decisão de se desviar da "corrente principal" – e que ganharam impulso juntamente com uma massa crítica de adesões – agora se transformaram em opções em termos de estilo de vida que são tão convencionais, talvez até *mais ainda* em certos grupos etários e sociais, que suas alternativas mais tradicionais.

Mas será que não deveríamos nos preocupar tanto com isso? Lukes prossegue descrevendo um modelo de poder "tridimensional", em que a última camada, o objeto comum da crítica radical, é a capacidade do poder de moldar as crenças e opiniões dos que lhe são sujeitos de uma forma que lhe agrada, de modo que eles genuinamente desejam fazer as coisas que os governantes esperam que façam:

> O poder pode ser empregado para bloquear ou prejudicar a capacidade de seus súditos de raciocinar de forma correta, em particular instilando e sustentando ideias falaciosas ou ilusórias sobre o que é "natural" e que tipo de vida lhes é ditado por sua "natureza" peculiar, assim como, em geral, aniquilando ou reduzindo sua capacidade de fazer uma avaliação racional.[18]

Isso, claro, suscita a questão básica de qualquer filosofia radical: quem somos nós para dizer que essas pessoas acerca de quem estamos debatendo *realmente* prefeririam comportar-se de outro modo se esse poder em particular não estivesse bloqueando sua capacidade de raciocínio? Por que seriam as *nossas* ideias menos falaciosas e ilusórias?

Lembro-me de um programa de TV em que Derren Brown, artista especializado em "programação neurolinguística", conversava com o ator Simon Pegg, pedindo-lhe que escrevesse num pedaço de papel o que desejava para o seu aniversário. Depois de conversarem mais um pouco, ele novamente perguntou o que era, e Pegg respondeu que seu desejo era uma bicicleta GMX. E – tam-tam-tam-tam! – exatamente aquela bicicleta estava no estúdio. Quando Pegg teve então de ler o que havia escrito no pedaço de papel, ficou surpreso ao ver que esperava ganhar uma jaqueta de couro. Encenada ou não para fins de entretenimento (prefiro permanecer moderadamente cético no que se refere a esses feitos maravilhosos), a possibilidade de que nossas ideias sobre o que é verdadeiro não sejam de fato nossas é assustadoramente plausível, pois tais resultados também podem ser alcançados, talvez com um pouco mais de esforço, por tecnologias menos sofisticadas. Mas se pessoas como Brown tiverem pelo menos metade do poder que dizem ter, estou certo de que um bom número delas estão vantajosamente empregadas pelas grandes corporações ou pelos poderes constituídos, tentando penetrar em nosso crânio.

Assim, parece que precisamos indagar: como podemos realmente ter tanta certeza de que os argumentos que empregamos, quaisquer que sejam eles, em defesa de nossa posição contra esses poderes não são eles próprios produtos da mesma interferência por parte de algum outro poder? Em meus momentos mais sombrios, por vezes invejei as pessoas que conseguem administrar suas vidas sem que essa questão básica as preocupe, mas, não importa o que faça, retorno ao Capítulo 18 de *Zadig ou o destino*, de Voltaire, em que o protagonista viaja na companhia de um eremita, homem indubitavelmente sábio, que não obstante se comporta de maneira incompreensível – botando fogo na casa de um amigável filósofo com quem tinham tido uma conversa agradável na noite anterior e matando o sobrinho de uma viúva que lhes oferecera hospitalidade. Tudo com boas razões, o eremita explicou a Zadig: o filósofo encontrará, enterrado debaixo de sua casa, um enorme tesouro que o tornará muito rico, e o rapaz iria, dentro de um ano, matar sua guardiã. Quando Zadig lhe pergunta, gritando, se, mesmo que alguém pudesse prever o futuro, isso lhe daria o direito de machucar uma criança, o eremita se transforma, de homem comum, na figura do anjo Jesrad, o que, para Zadig, resolve a questão.[19] Para mim, não resolve. Motivo pelo qual eu provavelmente não conseguiria ser um político de sucesso, muito menos um padre ou revolucionário. Assim, embora considere ser mais desejável levar uma vida de autorrealização do que viver em busca de coisas que outras pessoas me dizem para desejar, terei realmente o direito de impor a outros essa visão?

Como Jesrad diz a Zadig, os maus são sempre infelizes, e sua função é fornecer provações ao pequeno número de pessoas boas, o que iria, presumivelmente, levar à emergência de sua bondade.[20] Novamente, não posso concordar com o argumento, em especial com a predestinação moral que ele implica. Decerto qualquer um pode escolher viver proveitosamente, e há múltiplas maneiras de fazê-lo, que se oferecem a qualquer pessoa. Mas, de uma perspectiva um pouco diferente, podemos transformar isso num argumento contra a preguiça e a irresponsabilidade. Será que eu desejo com obstinação levar minha vida como algo unicamente meu, ou aceito uma trajetória confortável, sem originalidade, e sigo em frente? Podemos imaginar isso como um teste? Escolher meu próprio caminho é mais difícil, mais passível de equívocos – talvez até fundamentais. Implica riscos que a outra opinião marginalizou. Contudo, ao menos para os que o escolhem, esse é o único caminho que leva à satisfação com nossas realizações pessoais.

Isso, claro, não é uma apologia ao egocentrismo e ao individualismo. O que você diz (e também Coetzee) sobre colaboração versus competição é muitíssimo importante. A verdadeira autorrealização, acho eu, nunca pode ser obtida à custa dos outros. Pelo contrário: é uma competição que exige que todos sejam fortes precisamente nas mesmas áreas. A colaboração torna possível desenvolver essas áreas que constituem suas competências pessoais – aquelas em que você tem alguma coisa a oferecer aos outros. A colaboração só pode ocorrer de modo significativo entre indivíduos que não competem entre si, mas se completam.

ZB: Cuidado com os anjos Jesrad, há um monte deles por aí, suas fileiras cresceram exponencialmente desde os tempos de Voltaire. Para tapar os ouvidos às suas canções de sereia, como Zadig tentou em vão fazer, ou acabou deixando de tentar, é preciso ser um santo – como sugeriu Ilya Ehrenburg em seu romance satírico *The Stormy Life of Lasik Roitschwantz*. Nessa história, um *tzadik* ("justo") devoto conduzindo uma prece no Dia da Expiação estava absorvido em sua conversa com Deus e a ponto de obter dele a decisão de salvar os judeus da perdição, quando, notando que Hershele – um velho, frágil e enfermo carregador de água, sujo e disforme – estava para dar o último suspiro depois de haver jejuado o dia inteiro, interrompeu sua conversa por um instante e retornou à terra e à sinagoga para encerrar a oração.

O salvamento de uma nação inteira não valia a perda da vida do velho Hershele.

Na introdução de seu livro *The Second Machine Age*, dois dos maiores porta-vozes reconhecidos da tecnologia de ponta – Eric Brynjolfsson, diretor do Centro para Negócios Digitais do Massachusetts Institute of Technology (MIT), e Andrew McAfee, principal pesquisador científico do mesmo centro – prognosticaram que a tecnologia vai nos proporcionar "mais escolhas e até maior liberdade", com as quais a abundância se tornará norma, e não a escassez – observando, algumas linhas depois, de passagem e com uma serena equanimidade, que "o progresso tecnológico deixará para trás algumas pessoas, talvez até muitas delas"; e que "nunca houve época pior para ser um trabalhador com capacidades e habilidades apenas 'comuns' a oferecer".[21] Hoje a oferta de Jesrad está longe de ser pequena – os *tzadiks* devotos e os Zadigs moralmente (hiper)sensíveis e questionadores é que estão escassos.

· 5 ·

Selves conectados

Rein Raud: Temos falado muita coisa sobre o que a tecnologia tem feito em relação à forma como as pessoas se conectam em nossos dias. Obviamente, como animais sociais por definição, apenas muito poucos de nós conseguimos sobreviver sem nenhum contato com outros de nossa espécie, pelo menos não por muito tempo e sem sérios prejuízos. Mas será que as formas como nos conectamos essencialmente interessam? Digo que a internet substituiu deus no século XXI, e não no sentido trivial de saber tudo, o que não é o caso. Uma pessoa religiosa, como eu venho observando, precisa passar por seus rituais com alguma regularidade, quer seja apenas um momento de contemplação solitária, quer seja a participação num ritual completo; e, caso seja privada dessa possibilidade, pode desenvolver um sentimento de desconforto irracional, uma espécie de solidão existencial, uma falta de conexão com seu sistema de apoio espiritual. Sinto o mesmo em relação à internet. Se eu não tiver tido uma oportunidade de checar minhas contas de e-mail e Facebook por algum tempo, parece-me cada vez mais difícil concentrar-me nos assuntos que tenho pela frente – não que eu possa perder o interesse neles, não, mas não consigo afastar o vago sentimento de que está acontecendo algo às minhas costas de que eu deveria estar participando, mas não estou. Especialmente agora quando, mesmo que eu esteja andando na floresta, posso levar comigo um dispositivo que me conecta com o resto de meu mundo (ou me deixa totalmente frustrado quando, por algum motivo técnico, isso não acontece).

Em sua época, Émile Durkheim afirmou que existe uma realidade objetiva em que a experiência religiosa se sustenta, e "essa realidade – que as mitologias têm representado de tantas formas diferentes, mas que é a causa objetiva, universal e eterna dessas sensações sui generis de que se constitui a experiência religiosa – é a sociedade".[1] Assim, a religião, segundo Durkheim, nada mais é que um sistema peculiarmente codificado de prestar homenagem ao fato de estarmos juntos e, portanto, garantir que esse estar junto possa prosseguir sem causar muitos problemas. "Uma fé é acima de tudo calor, vida, entusiasmo, intensificação de toda atividade mental, elevação do indivíduo acima de si mesmo", diz Durkheim, e então pergunta: "Exceto saindo de si mesmo, como poderia o indivíduo aumentar as energias que possui? Como poderia transcender a si mesmo por esforço próprio? A única lareira em que nos podemos aquecer moralmente é aquela constituída pela companhia de outros seres humanos."[2] Para o ocidental desencantado, essa lareira está agora disponível em versão digital, sem nenhum molho religioso derramado sobre ela.

Zygmunt Bauman: Sua sugestão de um parentesco entre o culto religioso e nossa relação reverente e devotada com uma tecnologia que, mais que qualquer outra coisa, invadiu, colonizou e permeou (subordinou?) nosso cotidiano é um tiro na mosca. E, citando Durkheim – "A única lareira em que nos podemos aquecer moralmente é aquela constituída pela companhia de outros seres humanos" –, você identificou perfeitamente o vínculo entre essas variantes da "servidão voluntária" e a sede de companhia humana.

Nós – cada um de nós – vivemos agora, de modo intermitente mas muitas vezes simultâneo, em dois universos absolutamente distintos: on-line e off-line. Este último é muitas vezes chamado de "mundo real", embora determinar se esse rótulo é mais adequado que o primeiro venha se tornando mais discutível cada dia que passa.

Os dois universos diferem imensamente – na visão de mundo que inspiram, nas habilidades que exigem e no código comportamental (a ordem dos rituais, como você, mais uma vez acertadamente, denominou) que estabelecem, constroem e promovem. Suas diferenças podem ser, e de fato são, negociadas – mas dificilmente conciliadas. Fica para cada pessoa que trafega entre esses dois universos (e isso significa quase todos e cada um ou quase cada um de nós) resolver os conflitos entre eles e traçar as fronteiras de aplicabilidade desses dois códigos/liturgias distintos e com frequência mutuamente contraditórios. Mas a experiência obtida em um universo não pode deixar de afetar a maneira como vemos o outro, ou o avaliamos e nos movemos através dele; tende a haver um tráfego constante, legal ou ilegal, porém sempre pesado, entre os dois universos.

Eu lhe sugiro que uma forma de narrar a história da era moderna (uma forma cuja pertinência e relevância se tornaram particularmente destacadas pela recepção entusiástica e pela carreira à velocidade da luz que tem tido a tecnologia da informática) é apresentá-la como uma guerra crônica declarada a todo e qualquer desconforto, inconveniência ou desprazer, e a promessa de travá-la até a vitória final. Nessa história, a migração maciça de almas, se não de corpos, do mundo off-line para as terras recém-descobertas do on-line pode ser vista como o último e mais decisivo de seus numerosos recuos e avanços; afinal, a recente batalha em curso está sendo travada no campo das relações inter-humanas – território até então muito resistente e desafiador a qualquer tentativa de suavizar suas estradas esburacadas e alinhar seus trechos tortuosos. A finalidade dessa batalha é limpar o território das emboscadas e armadilhas por ele espalhadas até o advento da tecnologia on-line. Se vencida, a batalha hoje travada pode tornar infantilmente fáceis as tarefas embaraçosas e incômodas de atar e romper os laços humanos, tendo-os primeiramente liberado do peso paralisante dos compromisssos de longo prazo e das obrigações inegociáveis. Muitos acreditam, e muitos mais simplesmente presumem, que a internet é a arma maravilhosa com a qual essa batalha em curso tende a ser, e certamente será, vencida.

A guerra moderna contra a inconveniência, o desconforto, as surpresas indesejadas e, no final das contas, o persistente sentimento de incerteza derivado dos imprevisíveis caprichos dos mundos natural e social tem uma longa cadeia de antecedentes, mas ganhou urgência sob o impacto do choque causado pela tripla catástrofe (um terremoto seguido de um incêndio e de um tsunami) que em 1755 destruiu Lisboa, então um dos centros mais ricos, admirados e orgulhosos da civilização europeia. Na visão da elite intelectual da época, esse choque revelou a necessidade de colocar a natureza, assim como a história humana, sob outra direção – agora guiada pela razão humana. Dois séculos e meio depois, Jonathan Franzen sugeriu em seu altamente louvado discurso de formatura no Kenyon College que "o principal objetivo da tecnologia, o *telos* da *techne*", é "substituir um mundo natural indiferente a nossos desejos – um mundo de furacões, agruras e corações frágeis, um mundo de resistência – por um mundo tão receptivo a eles a ponto de ser, efetivamente, mera extensão de nosso self"; "Nossa tecnologia se tornou extremamente capaz de criar produtos que correspondam a nosso ideal fantasioso de relações eróticas, no qual o objeto amado não pede nada e dá tudo de pronto, fazendo-nos nos sentir todo-poderosos, sem provocar cenas terríveis ao ser substituído por outro ainda mais sexy e relegado a uma gaveta".[3]

Em outras palavras, velhos sonhos estariam agora se tornando realidade, o verbo a ponto de se fazer carne? A centenária guerra aos desconfortos da vida estaria para ser vencida graças à tecnologia, que tira de nossos ombros os problemas mais perturbadores? Bem, o júri (se é que existe um júri competente para dar seus veredictos) ainda deve estar deliberando. Porque existe uma etiqueta com um preço colada aos sucessivos espólios da guerra, perdas e ganhos devem ser computados – mas a razão indica que o cálculo de perdas e ganhos deve ser feito *retrospectivamente*; o momento de uma retrospecção competente (e, mais ainda, de uma avaliação final), contudo, ainda não chegou.

RR: Posso interrompê-lo por um instante para fazer um pequeno comentário sobre as palavras de Franzen? Elas me fazem pensar numa declaração de Simone Weil, cuja crítica, em 1934, se dirigia exatamente ao oposto:

> Os instrumentos, deixando de ser moldados segundo a estrutura do organismo humano, fazem com que este, pelo contrário, adapte seus movimentos à forma dos instrumentos. Em consequência, já não há correspondência alguma entre os movimentos a serem realizados e as paixões; a mente deve afastar-se do desejo e do medo e dedicar-se unicamente a estabelecer uma relação exata entre os movimentos transmitidos aos instrumentos e o objetivo pretendido.[4]

A preocupação de Simone Weil parece ser de que nós, como seres humanos, somos forçados a assumir formatos que nos são estranhos; mas a de Franzen é de que a tecnologia agora fornece exatamente as coisas pelas quais ansiamos. Assim, o que é pior? Ou será que, no final, eles estão abordando o mesmo tema de perspectivas diferentes? Pelo visto, Franzen culpa a tecnologia por nos fornecer exatamente o que desejamos ter, e Simone Weil a culpa por nos forçar a sermos o que não somos. Mas eu argumentaria que a queixa de Franzen é somente uma versão do que Simone Weil diz. E se "os produtos que correspondem a nosso ideal fantasioso" realmente corresponderem a um ideal que também nos é tacitamente imposto? Desta vez não estou preso à questão básica da filosofia radical, pois falo por mim mesmo: não almejo os ideais que a indústria espera que eu adote – pelo menos não voluntariamente. Se sou, por vezes ou no final, forçado a aceitar seu modelo, essa é derrota de "mim" como pessoa. O que se substitui não é o mundo verdadeiro, juntamente com seus problemas, mas meus desejos. O resultado é o mesmo descrito por Simone Weil: não há correspondência entre minhas próprias e verdadeiras paixões e os movimentos, mesmo os supostamente forçados pela emoção, que realizo. Sou desprovido tanto do desejo *quanto* do medo, enquanto preciso de *ambos* para ser emocionalmente completo. E se o que "desejo" me é instantaneamente fornecido, então não existe desejo – só posso desejar aquilo que não tenho de imediato. O desejo é uma planta, não uma semente. Tem de crescer.

ZB: Simone Weil falou do ponto de vista de uma sociedade de produtores; Franzen fala daquele de nossa sociedade de consumidores. Assim, suas visões de "o que somos" e "o que desejamos" se situam em diferentes aspectos (setores) do self. Ambos parecem precisos – sua aparente oposição deriva da diferença de contextos, mais exacerbada pela "idealização" dos tipos que constroem. O *Homo faber* e o *Homo consumens* são ambos agentes transgressores, a visão "eu sou" e o modelo "eu posso fazer isso/quero que seja isso/isso deve ser" separados para ambos, e ao mesmo tempo em atrito. Os dois são "orientados pela obrigação", mas o impulso transgressor aponta, em cada caso, numa direção diferente: para o *mundo* "lá fora", no caso dos produtores, mas "para o *meu* self" (para mim mesmo), no caso do consumidor.

Simone Weil imagina um produtor cedendo/perdendo seu potencial criativo para as máquinas ou por elas expropriado de sua autoria, abdicando de suas ações diante da mesa de trabalho de Frederic Taylor ou da linha de montagem de Henry Ford: dispositivos cujo propósito principal era tornar as emoções e intenções dos seres humanos "apêndices das máquinas", irrelevantes para os resultados do trabalho; Franzen fala de um ser humano cercado de ofertas tentadoras que seduzem as emoções do corpo consumidor, em vez de demandas dirigidas ao corpo do produtor como portador da força de trabalho. Simone Weil fala dos objetos humanos da *ex*propriação; Franzen, dos sujeitos humanos da *a*propriação.

Também podemos ver essa diferença de um ângulo distinto, embora relacionado. Considerando-se que tanto o *Homo faber* quanto o *Homo consumens*, apesar de todas as suas diferenças "idealtípicas", terminam numa condição similar de dependência e perda parcial de autonomia, a conquista e a submissão de seus selves são obtidas por meio da aplicação de variedades de poder totalmente distintas: tomando de empréstimo a terminologia de Joseph Nye, de Harvard, "dura", no caso do *Homo faber*, "suave", no do *Homo consumens*. Aquilo que na sociedade dos produtores era procurado e atingido principalmente com o corte ou a eliminação das opções disponíveis mediante a coerção e a imposição tende a ser alcançado em nossa sociedade de consumidores com a ajuda de desejos, tentações e seduções sempre novos e estimulantes. Como Pierre Bourdieu assinalou em *A distinção*, pela publicidade, e não pela regulação normativa.

Mas permita-me voltar a um tipo de tecnologia – a informática digital – que, em minha opinião, é agora da maior importância na produção dos selves. Alain Finkielkraut, escritor/filósofo recentemente eleito para se juntar ao reduzido e requintado grupo dos "imortais" da Academia Francesa, fala da "maldição" da internet:

> Sem dúvida, ela [a internet] oferece serviços fantásticos. ... Pesquisadores, professores, jornalistas podem preencher seus arquivos sobre convidados sugeridos com muito mais rapidez etc. Creio, no entanto, que no universo da comunicação tudo pode ser dito. ... Da mesma forma, é um mundo sem fé e sem lei. É proibido proibir, como se vê na internet.[5]

Internet: bênção e maldição combinadas e tornadas inseparáveis.

As bênçãos da internet são múltiplas e variadas. Além daquelas que Finkielkraut mencionou nominalmente, permitame considerar como a primeira e mais importante a promessa de eliminar uma das mais horríveis aflições de nossa sociedade líquida moderna, profundamente individualizada, martirizada por uma endêmica fragilidade dos vínculos humanos: o medo da solidão, do abandono, da exclusão. No Facebook, não é preciso mais sentir-se só ou jogado fora, descartado, eliminado – abandonado ao próprio sofrimento e tendo o próprio self como única companhia. Sempre existe, 24 horas por dia, sete dias por semana, alguém em algum lugar pronto a receber uma mensagem e até a respondê-la ou, pelo menos, acusar o recebimento. No Twitter, nunca é preciso sentir-se excluído de onde acontecem as coisas e se desenrola a ação: não há porteiros protegendo, e na maior parte do tempo barrando, a maioria das pessoas na entrada desse palco público. Não é preciso apoiar-se na amabilidade e na benevolência esparsamente oferecidas pelos produtores de rádio ou TV ou pelos editores de jornais ou revistas glamorosas. O portão para o espaço público parece estar convidativa e tentadoramente escancarado, suplementado por um registro de visitas e "curtidas" – esse equivalente, de propriedade privada, dos índices de audiência das TVs, das listas de mais vendidos ou dos índices de bilheteria. Graças à internet, todos têm tido a chance de usufruir os proverbiais quinze minutos de fama – e de renovar a esperança de atingir o status de celebridade pública. Ambos parecem fáceis e acessíveis como nunca o foram no passado. E a atração de se tornar uma celebridade é ter um nome e uma imagem mais respeitáveis num mundo feito sob medida para uma feira das vaidades.

Essas são bênçãos, sem dúvida. Ou pelo menos assim são consideradas, e por bons motivos, por milhões de pessoas curvadas e gemendo sob o peso da desgraça e da humilhação a elas impostas pela degradação ou exclusão social – ou pelo medo de que isso ocorra. O ganho é suficientemente grande para superar as possíveis perdas provocadas pelo número constantemente crescente de habitantes da Terra. E observemos que, na maioria dos casos, usuários e viciados da internet são alegremente inconscientes das coisas e qualidades que correm o risco de perder ou que já foram perdidas, pois que tiveram pouca ou nenhuma chance de vivenciá-las pessoalmente e de valorizá-las; as atuais gerações mais jovens nasceram num mundo já dividido (e desde tempos, para elas, imemoriais) em domínios on-line e off-line. Mas quais são essas perdas – registradas ou previstas?

Para início de conversa, há perdas que afetam (ou se suspeita que afetem) nossas faculdades mentais; em primeiro lugar, as qualidades/capacidades consideradas indispensáveis para estabelecer a razão e a racionalidade a fim de que elas sejam empregadas e reconhecidas: atenção, concentração, paciência – e durabilidade. Quando a conexão com a internet demora tanto quanto um minuto, muitos de nós ficamos zangados com a lentidão de nossos computadores. Estamos nos acostumando a esperar efeitos imediatos. Queremos um mundo que seja cada vez mais parecido com uma xícara de café instantâneo: basta misturar o pó à água e ingerir a bebida. Estamos perdendo a paciência, mas grandes realizações exigem uma grande dose de paciência. Precisamos superar os obstáculos encontrados, as contingências imprevistas, mas que confundem nossos projetos ou impedem que nossas esperanças se concretizem plenamente. Um grande volume de pesquisa tem se dedicado a esse tema, e a maioria dos resultados mostra que o tempo de atenção e a capacidade de concentração prolongada – juntamente com as virtudes da perseverança, da resistência e da determinação – têm diminuído, e depressa. Professores universitários observam que seus alunos acham cada vez mais difícil ler um artigo (que dirá um livro) do começo ao fim. Um argumento que exija uma atenção consistente por mais de alguns minutos tende a ser abandonado muito antes de se chegar à conclusão. A estratégia das "multitarefas" tende agora a ser a preferida no uso da web, com seus aplicativos e dispositivos cada vez mais numerosos, lutando por um momento de atenção (ainda que passageira); dada a imensidão de oportunidades, fixar a atenção numa tela de cada vez parece a represensível perda de um tempo valioso.

Há, claro, vítimas indiretas, colaterais, desse estado de coisas, ainda não computadas plenamente e necessitando de outras pesquisas para serem avaliadas. Entre os danos mais investigados, embora também potencialmente mais perigosos, causados por sua redução e pela acelerada dispersão da atenção estão, contudo, a decadência e a decrepitude galopante da disposição de ouvir e da capacidade de compreender, assim como da determinação de "ir ao cerne da questão" (no mundo on-line, espera-se que "surfemos" em informações transmitidas por áudio ou vídeo; mesmo a metáfora até recentemente popular de "navegar" sugere algo desagradável, por consumir um volume indevido de tempo, assim como por exigir uma imersão mais profunda, tornando o processo mais lento) – o que, por sua vez, leva ao declínio constante da capacidade de diálogo, forma de comunicação vital no mundo off-line.

Intimamente relacionado às tendências que acabei de descrever está o potencial prejuízo à memória, agora cada vez mais transferida e confiada aos servidores, em vez de armazenada nos cérebros. Como o processo do pensamento (em particular do pensamento criativo) se baseia em conexões que surgem entre células cerebrais, ele não pode deixar de sofrer quando as informações, em vez disso, são estocadas em servidores. Como se diz ter afirmado John Steinbeck muito antes de se construírem os primeiros servidores no deserto de Mojave e de se inventar a nuvem da internet, ideias são como coelhos; você pega alguns, aprende a lidar com eles, e logo tem uma dúzia. Poderíamos acrescentar: de fato, a menos que lidar com eles consista em guardá-los em depósitos para não sobrecarregar seu cérebro.

O aspecto seguinte a considerar é o impacto provável sobre a própria natureza dos vínculos humanos. Criar e romper vínculos on-line é imensamente mais fácil e menos arriscado do que off-line. Criá-los on-line não implica obrigações de longo prazo, muito menos compromissos no estilo "até que a morte nos separe, para o bem ou para o mal", nem exige um trabalho tão extenso, árduo e consciente como os vínculos off-line; caso tudo isso se revele demasiadamente complexo e oneroso, e as dificuldades pareçam insuperáveis, é fácil retirar-se e abandonar o esforço. Romper vínculos, por outro lado, pode ser feito pressionando-se algumas teclas e deixando de pressionar outras, e isso não requer negociações de acordos nem incorre no risco de se desenrolarem as "cenas terríveis" mencionadas por Franzen. Selecionar e resselecionar uma rede de amigos e mantê-la enquanto o coração desejar, e nem mais um instante, são realizações obtidas com poucas habilidades, menos esforço ainda, e virtualmente (sim, *virtualmente*) sem riscos.

Não admira que, tendo testado e comparado os dois tipos de vínculo, muitos internautas, talvez uma ampla e crescente maioria deles, prefiram a variedade on-line à alternativa off-line, embora muitos outros julguem que aqueles que o fazem estão arriscando e prejudicando a amizade (e o amor), assim como a si mesmos. Segundo esses outros, o amor verdadeiro (que é difícil e arriscado, exigindo um cuidado constante e com muita frequência o sacrifício) é o exato oposto de sua quase alternativa eletrônica, antisséptica e livre de riscos; em lugar de "olhar para a frente na mesma direção", como reza a famosa expressão de Antoine de Saint-Exupéry, o substituto eletrônico do amor é um exercício de evitar riscos concentrando-se em se defender de prejuízos reais ou supostos, em que o projeto, a construção e a manutenção de uma relação amorosa plena são inevitavelmente deslocados. A busca eletrônica de uma relação amorosa é orientada pelo desejo de segurança, segundo o padrão do sexo com preservativos.

Mais um – talvez o mais controverso – dos temas que se apresentam no debate sobre as bênçãos e maldições da rede mundial. A exposição universal, fácil e conveniente aos eventos do mundo em "tempo real", acoplada à entrada também universal, igualmente fácil e serena, no palco público, tem sido bem recebida por numerosos observadores como um verdadeiro ponto de virada na breve, mas turbulenta, história da democracia moderna. Ao contrário da expectativa bastante generalizada de que a internet constituiria um grande passo adiante na história da democracia, envolvendo todos nós na moldagem do mundo que compartilhamos e substituindo a "pirâmide do poder" por uma política "horizontal", acumulam-se evidências de que ela pode servir também à perpetuação e à expansão de conflitos e antagonismos, ao mesmo tempo evitando um polidiálogo efetivo, com possibilidade de armistício e eventual acordo. Paradoxalmente, o perigo surge da inclinação da maioria dos internautas de fazer do mundo on-line uma zona livre de conflitos – embora não negociando os temas geradores de conflitos, resolvendo-os mirando a satisfação mútua, graças à remoção dos conflitos que pairam sobre o mundo off-line de seu campo visual e do foco de suas preocupações.

Numerosas pesquisas têm mostrado que os usuários devotados à internet podem passar, e de fato passam, grande parte de seu tempo, ou mesmo a totalidade de sua vida on-line, relacionando-se unicamente com pessoas de mentalidade semelhante. A internet cria uma versão aperfeiçoada dos "condomínios fechados": ao contrário de seu equivalente off-line, ela não cobra de seus residentes uma taxa exorbitante, nem precisa de guardas armados e sofisticadas redes de TV em circuito fechado; tudo que necessita é da tecla "deletar".

A atração de todo e qualquer condomínio fechado – seja on-line ou off-line – é que ali se vive na companhia de pessoas estritamente pré-selecionadas, "pessoas como você", com a mesma mentalidade – livre da intromissão de estranhos cuja presença pode exigir a desagradável negociação de um modo de coexistência e apresentar um desafio à sua confiança de que seu modo de vida é o único adequado, necessariamente compartilhado com todas as pessoas a seu alcance e no seu campo de visão. Você escolhe pessoas que são imagens especulares de si mesmo e das quais você é uma imagem especular, de modo que, vivendo ali, você não corre o risco de se desentender com o vizinho, de discutir ou brigar por questões políticas, ideológicas ou de qualquer outro tipo. Trata-se, com efeito, de uma zona de conforto, acusticamente isolada do tumulto das multidões diversificadas, heterogêneas e agressivas que vagam pelas ruas da cidade e pelos locais de trabalho. O problema é que, nesse ambiente on-line desinfetado e higienizado, de maneira artificial, mas habilidosa, dificilmente se desenvolve a imunidade às tóxicas controvérsias endêmicas ao universo off-line; ou se aprende a arte de despilas de seu potencial mórbido e por vezes destrutivo. E, como não se consegue aprender a fazer isso, as divisões e rivalidades provocadas por estranhos nas ruas da cidade parecem ainda mais ameaçadoras – e talvez irremediáveis. As divisões nascidas on-line são equipadas com a capacidade da autopropulsão e da autoexacerbação.

Reconhecidamente, o mencionado inventário das virtudes e dos vícios reais e potenciais da divisão do "mundo vivido" em universos on-line e off-line está longe de ser completo. Obviamente, é muito cedo para avaliar os efeitos condensados de uma mudança do tipo divisor de águas na condição humana e na história cultural. Por ora, os benefícios da internet e da informática digital como um todo parecem andar de par com uma considerável combinação de prejuízos – embora essa impressão possa ser apenas o reflexo das inesperadas dores do parto de novas formas de vida e das aflições que geralmente acompanham sua maturação. De tudo que se pode afirmar no momento com algum grau de confiança, uma das conclusões menos atraentes é a de uma contagem cada vez maior obtida pelo universo on-line na escala de conforto, conveniência, prevenção de riscos e liberdade em relação a incômodos que causem prejuízos – o que, por ação ou inação, poderia estimular/reforçar códigos feitos sob medida para a esfera de vida on-line em sua alternativa off-line, à qual só poderiam ser aplicados à custa de muitos prejuízos éticos e sociais.

De uma forma ou de outra, as consequências da divisão on-line/off-line do *Lebenswelt* precisam ser estritamente monitoradas.

RR: Deixe-me tentar recapitular algumas de suas sugestões e comparálas com um mundo sem internet. Em primeiro lugar, as multitarefas. Não creio que isso seja algo que necessariamente façamos por escolha. É mais provável que nos seja exigido pelas circunstâncias. O toque da chegada de um e-mail interrompe meu trabalho num arquivo da mesma forma que o faria uma campainha, e, tendo atendido o visitante, posso voltar ao que estava fazendo. Uma família sentada diante da TV discutindo sobre quem manuseia o controle remoto faz com que a tela passe de um sitcom para um jogo de futebol e deste para um talk show no momento exato em que um intervalo comercial se apresenta no canal que estiver conectado, qualquer que seja ele, e no final todos têm alguma noção, embora incompleta, acerca do programa a que estavam assistindo.

Bem, TV ainda é tecnologia. Mas considere a dona de casa tradicional. Ela tem comida no forno e batatas cozinhando, busca constantemente sinais do bebê para saber se precisa trocar a fralda, a máquina de lavar está para concluir um ciclo e, além disso tudo, ela precisa reagir com simpatia à história do filho mais velho sobre bullying na escola. Eu diria que isso é mais nocivo que a maioria das coisas que fazemos na internet, e pelo menos igualmente prejudicial às faculdades mentais, deixando simplesmente muito pouco espaço para exercitá-las.

Vínculos humanos? A princípio, concordo plenamente com sua posição. Realmente, acho que é sempre melhor comunicar-se com seres humanos diretamente, e não por meio de máquinas, em particular as anônimas. Mas as circunstâncias reais, especialmente numa comunidade tradicional, podem não ter sido sempre tão desejáveis também. Romper relações off-line é, na verdade, muito simples e, como já ressaltei, promove a preguiça, oferece uma saída fácil para problemas existenciais. Apesar disso, uma *Gemeinschaft* ("comunidade") tradicional e sua continuação no "espírito de equipe" contemporâneo também não são, necessariamente, o que você prefere: elas impõem a cada integrante uma mentalidade em relação à qual *não* se tem opção de recusa, um sistema de valores que não é de sua própria escolha, que pode ocasionalmente ser agradável e positivo, mas também sombrio e opressivo. Os suicídios cometidos por jovens grávidas solteiras em comunidades religiosas ou os dramas emocionais de pessoas com sexualidade divergente sugerem que a possibilidade de abandonar um grupo nem sempre é uma saída fácil – embora talvez seja a única. O que nós dois provavelmente iríamos preferir é um equilíbrio, uma situação na qual os relacionamentos humanos fossem simétricos, constituídos entre iguais. Esse seria com certeza meu ideal, mas, na prática, é muito difícil de concretizar.

Finalmente, você sugere que "a internet pode servir também à perpetuação e à expansão de conflitos e antagonismos, ao mesmo tempo evitando um polidiálogo efetivo". Em certa medida, isso é mesmo assim: militantes e extremistas podem usar a internet como recurso eficiente para recrutar apoiadores em lugares aonde antes não conseguiriam chegar. Discursos de disseminação do ódio também proliferam em ambientes voltados para pessoas muito mais moderadas. Mas isso não é por causa da internet, mas das pessoas que a utilizam. Eu concordo que a internet tem criado mais possibilidades para que elas façam o que fazem – entretanto, também possibilitou que várias delas, com menor poder de expressão, se fizessem ouvir e de fato se conectassem, à margem, com pessoas das quais é mutuamente interessante discordar. Confesso que passo um bom tempo no Facebook seguindo e ocasionalmente participando de discussões políticas ou filosóficas que por vezes ficam bem inflamadas. E é precisamente esse o ponto do qual nenhum dos lados quer sair.

Com muita probabilidade, todos os participantes de todos os lados percebem que jamais serão capazes de convencer totalmente o outro, mas pelo menos podem fazer com que os mais racionais de seus oponentes percebam como se desenvolve seu argumento. E às vezes você se surpreende com uma consideração apresentada por uma pessoa com a qual você compartilha todas as suas opiniões, mas que não poderia apoiar nesse aspecto. Assim, talvez no fim isso funcione melhor do que, digamos, um debate sobre aborto entre estranhos num pub. Se não por mais nada, a seleção por *crowdsourcing** de informações de variadas origens (com muita frequência de lugares que me eram previamente desconhecidos) é uma vantagem em si mesma, algo que eu teria de gastar muito tempo para reunir por mim mesmo em qualquer tipo de biblioteca.

---

* *Crowdsourcing*: modelo de produção que conta com mão de obra e conhecimentos coletivos para desenvolver solução e criar produtos. (N.T.)

112 A individualidade numa época de incertezas

Resumindo, não me parece que se deva culpar a internet, e sim as pessoas que a utilizam. Podemos pensar nela como outro teste de Jesrad, que me oferece a escolha entre seguir meu próprio caminho (e com muito mais eficiência do que me seria de outra forma possível) e trajetórias confortáveis, já prontas, pelas quais posso me mover sem outras inconveniências, aceitando os ideais que me são forjados (em ambos os sentidos da palavra) pelas indústrias culturais. Além disso, é uma escolha a ser feita constantemente, e suponho que, tal como em outros assuntos da vida, por vezes seguimos numa direção, por vezes em outra. O que talvez esteja inevitavelmente implícito no fato de sermos humanos.

ZB: No filme de Hal Ashby *Muito além do jardim*, de 1979, Chance (personagem de Peter Sellers), despejado da casa de seu chefe, em que passou toda a vida adulta observando o mundo lá fora unicamente numa tela de TV, caminha pela primeira vez, em muitíssimos anos, por uma rua movimentada da cidade. A primeira visão com que ele depara é algo bizarro, nunca visto antes na TV, e portanto incompreensível e alarmante: um grupo de freiras vestidas de preto. Chance procura o controle da TV (sempre no seu bolso) para eliminar essa imagem chocante, presumivelmente trocando de canal. Ele tenta repetidas vezes e, para seu espanto, em vão. No misterioso mundo urbano em que ele estava exilado, as formas fáceis e confortáveis de se livrar de imagens repulsivas e enervantes – as formas aprendidas nas muitas horas passadas diante da TV – simplesmente não funcionavam. Chance tinha mesmo uma razão muito séria para se sentir alarmado e confuso.

Vista em retrospecto, mais de trinta anos depois, a cena parece uma premonição ou uma visão profética dos dilemas que estavam por vir. Tendo nossa vida dividida entre dois universos, os mundos on-line e off-line, cada qual com suas possibilidades e exigências distintas, e destinados como somos a fazer uma viagem diariamente, se não a cada hora, de ida e volta entre eles, não podemos evitar que entremos em choque, repetidas vezes, entre as intenções e expectativas trazidas de um universo e as realidades específicas do outro: em particular se aquelas tiverem sido adquiridas, treinadas e estabelecidas on-line, enquanto estas foram confrontadas após o retorno ao domínio off-line. Bem, a grande diferença entre o caso representado pelo solitário Chance e o de milhões de internautas contemporâneos é que ele era uma figura cômica e risível, enquanto ninguém ri da desorientação e do embaraço desses milhões de descendentes seus.

Permanecendo no universo on-line, *qualquer um* pode criar uma "zona de segurança" – livre de conflitos, situações desagradáveis e inconveniências; um espaço seguro, habitado apenas por pessoas acessíveis, de mentalidade semelhante e, portanto, não beligerantes –, feito inconcebível na maioria dos locais de trabalho, numa rua urbana movimentada e mesmo num simples e curto passeio pela cidade. Repito: a mais grave das consequências de se trancar num espaço desses, infantilmente fácil de construir on-line, e no entanto inatingível – de fato, inimaginável – off-line, é o gradual, mas inevitável, declínio, colapso e desintegração da arte do diálogo: do diálogo genuíno, do encontro face a face com diferentes visões de mundo, diferentes hierarquias de valores e diferentes ordens de prioridades – ocorrências inevitáveis no mundo off-line, mas eminentemente evitáveis on-line.

Assim, quando você diz que não é a internet que se deve culpar, mas as pessoas que a utilizam, está só parcialmente certo. As pessoas sem internet não teriam a mesma chance de desenvolver o gosto de estarem abrigadas dos perigos da "vida real", e, ao fazê-lo, de adquirir uma aversão a colocar em teste suas crenças, perdendo simultaneamente a disposição e a capacidade de confrontar visões alternativas, compreendê-las e negociar um *modus co-vivendi* agradável e benéfico a todos os envolvidos. E eu acrescentaria que ter essa disposição e essa capacidade, assim como aprender e desenvolver com diligência as habilidades práticas necessárias para agir de acordo, é, para nosso mundo inevitavelmente diversificado, diasporizado e multicentrado, nada menos que uma questão de vida ou morte.

E continuo a repetir que estou falando de uma oportunidade criada pela tecnologia de computadores, uma oportunidade muito menos disponível e acessível sem ela – não uma questão de "determinismo tecnológico" (uma falácia perigosa, por tudo que sei e em que acredito). Não aproveitar a oportunidade é tão possível quanto a aproveitar; obviamente, todos podem, em princípio, escolher "discussões políticas ou filosóficas que por vezes ficam bem inflamadas", em vez dos benefícios ao próprio ego oferecidos pelas câmaras de eco; mas como a oportunidade de optar pela segunda, em lugar da primeira (uma oportunidade tentadora, dadas a insatisfação e a irascibilidade inflexíveis do mundo off-line), se tornou tecnologicamente fácil de assumir e explorar, a probabilidade dessa escolha cresce.

A tecnologia não *determina* suas utilizações humanas, mas influencia – fortemente – a *distribuição de suas probabilidades*. Torna algumas escolhas mais fáceis, menos custosas e, assim, mais prováveis, enquanto torna outras mais difíceis de manejar, impondo preços mais elevados e, portanto, menos prováveis. E é precisamente isso que a pesquisa sobre as práticas dos internautas mostra. Assim, embora você esteja totalmente certo quando diz que não somos, nem podemos ser, totalmente privados da escolha, e, portanto, "por vezes seguimos numa direção e por vezes em outra", as chances são de que a maioria de nós, na maior parte do tempo, siga o caminho "forjado (em ambos os sentidos da palavra) pelas indústrias culturais", embora ajudados e instigados pela tecnologia de computadores. "O que provavelmente nós dois preferiríamos", tal como no caso da escolha entre as variedades da comunidade e da rede, no que se refere aos vínculos humanos, que você discute, é uma coisa; a frequência e regularidade das escolhas humanas reais é outra.

Mais um esclarecimento – que faço com o risco de estar me repetindo: o problema não se limita a "militantes e extremistas [usando a internet] como um recurso eficiente para recrutar apoiadores em lugares aonde antes não conseguiriam chegar". Para essas pessoas, fechar-se numa zona livre do desconforto seria, na verdade, contraproducente – e, entre os propagandistas e recrutadores, só os ingênuos, descuidados ou maltreinados iriam recorrer a esse estratagema. O verdadeiro problema são os milhões tentados e seduzidos a se esconder na tranquilidade incontestável e imperturbável de câmaras de eco e salas de espelhos pela perspectiva de reforçar seus egos, ou de melhorar a defesa de sua autoestima, que eles lenta mas continuamente se esquecem de defender no turbulento universo off-line, repleto daquelas "discussões políticas ou filosóficas que por vezes ficam bem inflamadas" – e no qual não são apenas as discussões políticas e filosóficas que por vezes ficam bem inflamadas.

RR: Mas não são todos os avanços tecnológicos que criam chances para as pessoas fazerem coisas estúpidas com eles, chances que não existiam antes? Se a internet é uma lente de aumento capaz de ampliar imensamente tanto a sabedoria quanto a estupidez – esta última, evidentemente, muito mais visível –, devemos culpar a tecnologia ou a estupidez? Sim, a internet de fato pode ser diferente de todos os avanços tecnológicos similares por proporcionar às pessoas tentações irresistíveis, ou pelo menos previamente desconhecidas, em número muito maior que no passado. Sim, um número grande demais dessas pessoas, que poderiam e deveriam fazer outras coisas, rende-se ao canto da sereia e migra para um mundo em que têm mais tempo on-line do que off-line em suas horas de vigília. Tudo isso é verdade, e mais ainda. Agora sabemos que agradáveis atividades on-line podem até prover necessidades de seu escritório, tornando a participação na sociedade tradicional cada vez menos obrigatória.

Mesmo dez anos atrás, como nos conta Edward Castronova, o produto nacional per capita do planeta Norrath (apresentado num jogo on-line chamado Everquest), medido em dinheiro real, era mais ou menos o mesmo da Bulgária.[6] Isso porque as coisas adquiridas pela realização de feitos heroicos naquele planeta podiam ser vendidas a jogadores menos experientes por dinheiro da Terra. Assim, não admira que cerca de 20% das pessoas que jogavam Everquest, quando lhes perguntavam onde viviam, respondessem que residiam em Norrath, embora viajassem para outros lugares com muita regularidade. Cerca de 60% gostariam de passar mais tempo por lá do que então passavam.[7] Podemos imaginar que essa tendência não se esgotou. Assim, não é de todo impossível que um segmento significativo da população terrestre venha a consistir no futuro em corpos zumbificados, com a mente habitando outro lugar. Será que eu apoio essa evolução? Decerto que não.

Mas isso sugere novamente a questão básica da filosofia radical: com que base posso dizer a essas pessoas que elas vivem suas vidas de forma incorreta? Se estavam infelizes e buscando ajuda, então, sim. Se eram violentas e agressivas em relação a outras, então, sim. No caso de drogas e álcool, por exemplo, ambas as condições em geral são atendidas. Entretanto, no que diz respeito à internet, somos principalmente nós, intelectuais, que tendemos a advertir as pessoas de que elas não são "realmente" felizes on-line, enquanto os próprios usuários parecem se sentir tão contentes quanto possível, dadas as suas alternativas realistas.

Quanto à segunda condição, os relatórios enfatizando a tendência para o crime dos viciados em internet não deixam de ser controversos. É verdade, por exemplo, que o assassino em massa norueguês Anders Breivik passava tempo demais on-line antes de se tornar o monstro que é. Contudo, para mim, é incorreto perguntar, como o faz Richard Orange, se, "instruído pela Wikipédia e treinado pelo World of Warcraft", Brievik é de fato "um produto da internet".[8] Essa pergunta parece absolver Breivik de seus crimes até certo ponto: se ele é o produto de uma coisa legalmente disponível, então o sistema, pelo menos em parte, é culpado pela morte das crianças que ele assassinou, não ele mesmo. Discordo profundamente disso. A internet pode ter lhe fornecido um ambiente fértil para o desenvolvimento de sua insana visão de mundo, mas a responsabilidade por seus crimes é dele, e somente dele – com toda a probabilidade, ele teria se transformado num maluco perigoso de qualquer maneira, tal como o fizeram, antes dele, outros fundamentalistas violentos. Segundo Anne Stickney, a comunidade do World of Warcraft consiste atualmente em pouco menos de 8 milhões de assinantes,[9] e uma conexão estatisticamente válida entre o jogo e a violência excessiva exige mais evidências que apenas a indignação pública movida pela emoção despertada por casos singulares.

Assim, será que deveríamos tratar o vício em internet como sintoma, e não como causa da doença? Talvez as pessoas recorram a ela apenas em consequência de problemas econômicos, sociais e culturais com os quais não podem lidar pessoalmente e que ninguém mais está interessado em resolver. Lembro-me de quando, bom tempo atrás e em outro país, visitei uma cidadezinha decadente provinciana juntamente com meu filho, e todo dia ele caçoava: "Parece haver só três saídas deste lugar: a igreja, o bar ou a internet." Das três, a internet pode ser realmente menos prejudicial a longo prazo.

ZB: Nunca me ocorreu "tratar a internet como a *causa* da doença" (repito: por muito tempo tenho resistido tenazmente a qualquer tendência reminiscente do determinismo tecnológico, seja ela no estilo antigo ou no "novo e aperfeiçoado"), mas creio que é mais que apenas um "*sintoma* da doença". O impacto da tecnologia é distorcer/deformar/reajustar as probabilidades de escolha: algumas delas se tornam mais fáceis, menos dispendiosas e, portanto, mais prováveis, enquanto outras são fragorosamente derrotadas na competição por mais conforto, facilidade e disponibilidade, fazendo com que se reduza a probabilidade de serem assumidas. Aproveitando seu exemplo: o motivo de seu filho considerar as maneiras de "sair deste lugar" não deve ser posto na conta da internet – o número de pessoas que se unem à comunidade do World of Warcraft e não à igreja ou à turma dos biriteiros não seria, contudo, tão grande não fosse o fascínio da internet. Em outras palavras: em todas as épocas e em todos os lugares havia, há e provavelmente haverá pessoas desejando "dar uma escapada", mas, com a internet constantemente à mão, realizar esse desejo lhes parece mais seguro e menos arriscado que nunca; assim, parece mais fácil e provável que seja o meio escolhido. E deixe-me acrescentar que a inter-

118 A individualidade numa época de incertezas

net vence facilmente quando compete com a igreja ou a bebida, por ser um poder com a capacidade de se autorreforçar – tal como o "Eu me fiz por mim mesmo" das redes com base na internet, adulando e autoaperfeiçoando a aura "autoral" (ou seja, a aura de uma união pessoal do autor com seus papéis), flagrantemente ausente das igrejas estabelecidas e perdida no estupor do beberrão em sua toca.

RR: Suponho ser normal que algumas pessoas desejem "escapar" de qualquer lugar, em qualquer momento. Mas, e se o desejo de escapar for o último sinal de que você ainda tem uma pulsação? Por todo o planeta, e não apenas nas favelas do Terceiro Mundo, mas também no centro da civilização globalista, espalham-se ambientes em que "escapar" é o que a maioria das pessoas deseja. Os que podem se dar a esse luxo vão embora logo que conseguem, independentemente da estratégia. Os que se adaptam e internalizam os valores da selva desses ambientes acabarão por se tornar parte do problema que desejam resolver. A ideia de aproximar a TI dos desprovidos foi inicialmente, dando-lhes acesso à educação e às autoestradas da informação, proporcionar-lhes maior controle sobre suas vidas – mas, sim, isso pode facilmente privá-los do que já tinham. Assim, essa é uma tarefa que permanece inconclusa, pois não foi plenamente avaliada.

Talvez seja esse o cerne do problema. Não podemos simplesmente retornar a um mundo sem internet, onde, entre outras coisas, o diálogo entre nós também não fosse possível. Por isso, o que precisamos é ter com ela uma relação sóbria. Quando o papel-moeda foi introduzido na Europa, o setor financeiro não entendeu muito claramente sua natureza, e John Law, o controlador-geral das Finanças da França, nascido na Escócia, decidiu resolver o problema do país imprimindo um grande volume desse tipo de dinheiro a fim de criar os recursos necessários. O que ele conseguiu, na verdade, foi lançar a França num caos econômico – que efetivamente contribuiu para o advento da Revolução. Uma vez mais, diria eu, a noção de papel-moeda não foi ela própria um fracasso – e sim a falta de cuidado, a ambição e a compreensão limitada das pessoas que o usaram. Toda grande inovação tecnológica pode causar contratempos, a menos que manejada com cuidado e discernimento.

Assim, talvez você devesse inverter o argumento de Simone Weil. Ainda concordo com ela, a princípio, que as tecnologias que me forçam a me adaptar a suas regras normativas, em vez de obedecer às minhas, não me são "amigáveis" – especialmente quando permanece obscuro a que interesses elas servem a longo prazo. Mas também se pode dizer que as inovações tecnológicas, a começar pelo machado de pedra, têm contribuído para a evolução de nossa espécie precisamente porque nos forçam a nos adaptarmos a elas. Simone Weil diz que instrumentos como o machado são extensões de nosso corpo e, portanto, não se opõem a nós,[10] mas isso não é inteiramente correto. O formato de nossas mãos no estado atual é a consequência de trabalharmos com essas ferramentas. Nosso polegar é diferente dos outros dedos – e torna possíveis muitas outras operações que as espécies mais próximas de nós não podem realizar. Agora existem pessoas que sofrem de uma síndrome chamada "polegar Blackberry",[11] uma séria dor nas mãos causada pelo uso prolongado de smartphones para digitar. Talvez o smartphone venha a se adaptar, talvez a mão.

Em todo caso, a interação tecnologia-corpo não avança sem deixar rastros. Por que, então, o faria a interação mente-tecnologia? Sabemos o que produziram saltos tecnológicos anteriores como a escrita, a imprensa e o telégrafo, não apenas em nossa ordem sociocultural, mas também na forma como percebemos as coisas. Seria de esperar que mudança semelhante ocorresse com a internet, a questão é como deixá-la acontecer sem destruir muito aquilo que nós prezamos. "Nós" aqui se refere não somente a pessoas como você e eu, mas a todos que gostariam de preservar as coisas ameaçadas pela internet, caso pudessem escolher.

Isso significa que a tarefa inconclusa deve ser retomada: as pessoas deveriam ter mais controle sobre seu mundo. Suponho que haja coisas que poderiam ser feitas nesse sentido, e até sem muita dificuldade – por exemplo, os currículos escolares. Componentes de consciência têm sido introduzidos em várias matérias para criar precondições de empatia com vários tipos de alteridade, e há campanhas sobre consciência a respeito de drogas, consciência ecológica, comportamento sexual controlado. Felizmente, vivemos numa era em que dizer claramente às pessoas o que fazer não é uma estratégia funcional. Mas apresentar-lhes análises confiáveis dos possíveis perigos do vício em TI poderia de fato ser uma responsabilidade pública.

ZB: O "polegar Blackberry", por sinal, teve seus predecessores – por exemplo, o agora esquecido pânico da "doença do cubo mágico" na década de 1980 – e decerto ainda terá numerosos descendentes. Creio que a substituição das penas de escrever por lápis e canetas, ainda que não tenha sido registrada, também causou em sua época graves pânicos de adaptação. Esses inúmeros incidentes comparáveis da história podem ser espécimes de problemas corporais ou psíquicos bastante comuns e passageiros de reajustamento ou reposicionamento, disparados por alterações causadas pela tecnologia no campo e no ambiente de ação – mas tais problemas diferem consideravelmente um do outro quando se trata da amplitude e profundidade dos realinhamentos que eles exigem e estimulam. E, portanto, não creio que os realinhamentos hoje em curso possam ser realisticamente comparados àqueles de curar as aflições psicossomáticas do tipo "polegar Blackberry" ou "doença do cubo mágico" – marginais, insignificantes e passageiros, como eles se revelaram, e logo depois esquecidos.

A transformação na condição humana e no *Lebenswelt* colocada na agenda pelo advento da informática digital e da rede mundial pertence a uma categoria menos volumosa de autênticos marcos divisórios e pontos de inflexão na história da espécie humana, e nela merece um capítulo exclusivo. Desta vez, o que é afetado não é a palma da mão nem o polegar, mas o abrangente, multifacetado e cumulativo complexo de tarefas e estratégias existenciais, das capacidades corporais e psíquicas – todas elas juntas e cada uma fundamental em si mesma tanto para o indivíduo quanto para a existência socialmente compartilhada. Fico

Selves conectados

imaginando se algum elemento do modo humano de ser e estar no mundo e algum ingrediente do mecanismo da associação humana vão acabar emergindo ilesos da atual transformação. Além disso, todos esses fatores supernumerosos e multifacetados parecem estar íntima e estritamente interligados – mas ainda estamos num estágio muito preliminar da solução e compreensão adequada da natureza de suas conexões e influências recíprocas. E acho que recorrer ao usual apelo às armas, de que "as pessoas deveriam ter mais controle sobre seu mundo", fica muito longe de lhes dizer o que precisa ser feito.

Para começar: quem são essas "pessoas"? Por acaso, algumas delas têm demasiado controle sobre seu próprio mundo, mas também sobre o mundo dos outros; enquanto outras (muito mais numerosas), como você impecavelmente afirma, estão enredadas em lugares nos quais exercer algum controle sobre alguma coisa, qualquer que seja, está fora de questão. Prosseguindo: esse "demasiado" de alguns e esse "nenhum" de outros são intimamente interligados – o controle, como sugere a própria noção, é um jogo de soma zero. Por essa mesma razão, cada sucessiva formulação do tema deve ser, quase com certeza (na terminologia de Whitehead), "essencialmente contestada" e, portanto, instável e talvez temporária – vigorando até segunda ordem ou até o próximo reembaralhamento das divisões e hierarquias de poder, seja ele importante ou mesmo secundário. É difícil que haja uma escassez de convites à resistência e à revolta contra outro reembaralhamento das cartas. Para todos os fins e propósitos práticos, tentativas de controle ainda não concretizadas, a defesa do controle já obtido e um interminável cabo de guerra entre elas são, muito provavelmente, companheiras permanentes da condição humana.

Tudo dito e feito, o controle é e continuará a ser o recurso e o produto da luta pelo poder. A atual fase dessa luta é conduzida sob as insígnias do reconhecimento. Erving Goffman sugeriu que a habilidade de compor uma identidade específica e a capacidade de obter o reconhecimento de que essa identidade foi de fato composta e de que você a possui são dois diferentes talentos que podem ser adquiridos e desenvolvidos em separado. Goffman registrou com precisão esse estado de coisas, mas, ao reduzi-lo à questão das habilidades dominadas pelo apostador, deixou escapar a circunstância essencial de o destino já ter sido alterado e transformado num jogo de cartas marcadas, e de os resultados terem sido preestabelecidos de uma forma que torna ineficazes a aquisição e o emprego de habilidades. A posse pelo ofertante de ambos os tipos de habilidades pode ser condição necessária para o sucesso da oferta, mas não é suficiente. Não é o ofertante – de qualquer forma, não somente ele – que decide o sucesso ou o fracasso da oferta. Max Frisch deixou clara a divisão ou os papéis na "luta pela identificação", sugerindo que o principal significado de "ter identidade" é resistir às definições impostas pelos outros. Já fomos definidos muito antes de a oferta ser feita, e a construção de um self de nossa escolha é conduzida num território (social) previamente alocado; não pode ser promovida e concluída sem a aprovação dos administradores locais.

Retornando a nosso ponto de partida, concordo plenamente que, como você sugere, "apresentar [aos alunos] análises confiáveis dos possíveis perigos do vício em TI poderia de fato ser uma responsabilidade pública". A escolha é responsabilidade dos *alunos*, enquanto a responsabilidade de fornecer as informações o mais completas possível para permitir que essas escolhas sejam feitas em condições de máxima consciência do que está envolvido e das consequências que elas provavelmente terão é *pública*. Como eu disse, concordo. Mas acrescentaria que, quando se trata de considerar os conteúdos de um currículo escolar que pode desempenhar um papel, ainda que limitado, em aumentar as chances de sucesso dos jovens autoprodutores em sua busca de reconhecimento social, o "mapa rodoviário" que mostra o caminho da identidade escolhida ao seu reconhecimento público – juntamente com os obstáculos e armadilhas naturais e sociais – precisa ser incluído.

RR: Retornando por um breve momento à pergunta que você faz – "Quem são essas 'pessoas'?" –, que é realmente importante. Talvez eu ainda me sinta um pouco mais confortável com a oposição ao estilo da Escola de Frankfurt entre as "pessoas" e "o sistema", um amálgama não coordenado de negócios, política de carreira e entretenimento informativo, com valores baseados no mínimo denominador comum. Talvez não seja realmente o caso de algumas pessoas terem o controle da vida das outras, ainda que sejam elas que cuidem das necessidades do sistema – elas também são enredadas e tristemente exitosas, e não humanamente felizes. Mas para elas também não existe um "lá fora", como apontou Michel Foucault, ainda que seu dentro seja razoavelmente confortável (e aquilo que muitos outros desejem):

> O que faz com que o poder se mantenha e seja aceito é simplesmente que ele não pesa só como uma força que diz não, mas que de fato ele permeia, produz coisas, induz ao prazer, forma saber, produz discurso. Deve-se considerá-lo uma rede produtiva que atravessa todo o corpo social muito mais que uma instância negativa que tem por função reprimir.[12]

Talvez não devêssemos incluir as pessoas em posição de destaque entre as *vítimas* desse "sistema", de vez que este já as tem recompensado com numerosos benefícios; mas elas também não são agentes livres ou independentes. Assim, talvez seja correto dizer que os que exercem o controle são também controlados, tal como formas de resistência têm sido de há muito acomodadas pelo sistema e instaladas em nichos próprios, em suas próprias cadeias de lojas.

Gostaria de pensar que podemos estabelecer uma distinção entre o "sistema" e a esfera pública, pois esta só pode funcionar quando não é sobrepujada pela lógica do "sistema". Evidentemente, seria muito triste se essa esperança na possibilidade da esfera pública se revelasse apenas uma ilusão que contribui, a longo prazo, para a maior glória do "sistema", mas não consigo deixar de acreditar nela. O "sistema", claro, gostaria de se disfarçar de esfera pública, tal como os tabloides gostariam que os víssemos como as vozes da opinião pública. Mas são coisas diferentes. A esfera pública é uma matriz de poder arendtiana, em oposição a uma matriz foucaultiana: o lugar onde termina o poder quando alguma forma de violência se inicia, incluindo a lavagem cerebral.

Talvez fosse correto dizer que o "sistema" e o público se baseiam em duas lógicas de conectividade incompatíveis: as conexões do "sistema" são sempre verticais – há sempre alguém no comando e alguém na posição de obediência –, enquanto as conexões públicas são horizontais, com todas as partes envolvidas desfrutando igualmente o poder. Entendo, óbvio, que é necessário um equilíbrio entre ambos, e um mundo organizado unicamente de acordo com o segundo princípio também seria duro de habitar. Contudo, o que estamos vendo é que as posições de verdadeiro poder foram tomadas por pessoas que pensam de acordo com o sistema, enquanto aquelas que pensam de acordo com o público são cada vez mais marginalizadas, em especial quando os mecanismos de tomada de decisão com frequência conseguem convertê-las, se necessário absorvendo-as – o que, uma vez mais, torna possível representar o pensamento motivado pelo público somente como outra estratégia cínica para se aproximar das recompensas do sistema.

ZB: Embora não menos cativado que você pelo modelo "capilar" de poder de Foucault (assim como pelo modelo de "filosofia hegemônica" de Gramsci, extremamente semelhante, renascido na prática cotidiana dos *hoi polloi* ["os muitos", "a massa"], e pela versão atualizada dos dois: a "fractalidade" do poder, ou seja, a reprodução de sua estrutura celular essencial em todos os níveis da ordem hierárquica), acho que todos esses modelos precisam de algum tipo de condutor para evitar a armadilha da despersonalização excessiva da natureza do controle. Na avaliação final, algumas pessoas é que impõem a outras uma ordem de coisas feita sob medida para seu próprio interesse e seu próprio conforto, e cega ou explicitamente desfavorável aos interesses dos outros; uma ordem que, em vez de "apelar ao ajuste", insinua-se, auxiliada pela sobriedade, o realismo e a racionalidade endêmicos, aos sofredores, e penetra por todos os meios necessários na mentalidade e no bom senso dos oprimidos, e ali se estabelece. Essa restrição adquire particular gravidade no início do século XXI, que – como Thomas Piketty convincentemente afirmou – pode muito bem entrar para a história como aquele do retorno da oligarquia: "Quando a taxa de retorno do capital excede a taxa de crescimento do produto e da renda, como ocorreu no século XIX e parece provável que ocorra novamente no século XXI, o capitalismo gera de maneira mecânica desigualdades insustentáveis e arbitrárias, colocando radicalmente em questão os valores meritocráticos nos quais se baseiam as sociedades democráticas."[13] "A riqueza herdada cresce mais depressa que o produto e a renda. ... É quase inevitável que a riqueza herdada venha a dominar por ampla margem a riqueza acumulada no trabalho de uma vida, e que a concentração de capital venha a atingir níveis extremamente elevados."[14] Por conseguinte,

o aumento espetacular da desigualdade reflete amplamente uma explosão sem precedentes de rendas muito elevadas oriundas do trabalho, uma verdadeira separação entre os gerentes de alto escalão das grandes empresas e o resto da população. ... Os gerentes de alto nível em geral têm o poder de estabelecer sua própria remuneração, em alguns casos sem limite, e em muitos sem nenhuma relação clara com sua produtividade industrial.[15]

Por fim, o atual crescimento aceleradíssimo da desigualdade desde a revolução neoliberal da dupla Reagan/Thatcher "deve-se amplamente às mudanças políticas das últimas décadas, especialmente com respeito à tributação e às finanças. A história da desigualdade é moldada pela forma como os atores econômicos, sociais e políticos veem o que é justo ou não, assim como pelo poder relativo desses atores e pelas escolhas coletivas resultantes".[16]

Não apenas o direito ao controle, mas, o que é mais importante, a capacidade de controlar – que até não muito tempo atrás pareciam ter se tornado de uma vez por todas as apostas no jogo chamado "democracia", envolvendo a totalidade dos cidadãos em sua condição de eleitores – transforma-se hoje, uma vez mais, no legado de pouquíssimas famílias, como o foi nos tempos pré-modernos; da mesma forma, as modernas instituições democráticas, destinadas a traduzir a vontade popular, assim como as preferências de valor e as ideias de justiça dos atores, em "escolhas coletivas", têm sido cada vez mais recicladas para se transformar nos principais veículos da reprodução, do crescimento e da ampliação da distância entre "os podem" e "os não podem", e fazer escolhas autônomas se tornou um privilégio da categoria cada vez mais reduzida dos "podem".

· 6 ·

A composição dos selves

REIN RAUD: Quando você disse que "fomos definidos muito antes de a oferta ser feita", quanta liberdade você credita, se isso é possível, ao indivíduo? Ou nossa liberdade seria mesmo restrita a uma seleção entre peças disponíveis? Sempre acreditei que um dos desafios da condição humana é precisamente superar os limites – biológicos, sociais, culturais – que o mundo nos impôs ao nascermos. Não ficar satisfeito com sua situação, embora não seja essa a melhor receita para a felicidade. Por outro lado, será que "saber o seu lugar" não é exatamente a forma como o sistema quer que a gente viva? Isso poderia chegar a ser feito com alguma dignidade?

ZYGMUNT BAUMAN: Eu disse que "fomos definidos ... *antes* de a oferta [pelo tipo de 'self' que gostaríamos que se tornasse nosso] ser feita" – significando que nunca fazemos tais ofertas a partir de uma espécie de "vácuo socialmente puro". Nascemos numa época e num lugar inegociáveis, mas também numa posição social específica predeterminada por nossa ascendência (que nós não escolhemos). Essa circunstância limita muitíssimo o número de nossas escolhas praticamente possíveis/plausíveis. É mais fácil chegar ao destino estabelecido a partir de um lugar que de outro. Citando uma piada irlandesa: um motorista parou o carro para perguntar a um transeunte como ir dali a Dublin; e a pessoa respondeu: "Se eu quisesse ir a Dublin, não sairia daqui." Essa piada expõe o absurdo de um fato que na vida real não é nada além de hilário.

Sinto-me desconfortável por fazer a justaposição de determinação e autocriação ou, de modo mais geral, de fixidez e liberdade, em oposição uma à outra. Esses dois parâmetros da condição humana estão igualmente em aliança e em conflito. Cada um deles exercita, no processo de autocomposição, seu próprio potencial – ao mesmo tempo habilitando e desabilitando. E eles estão condenados a coexistir e colaborar – cada qual sendo inconcebível, na verdade insignificante, sem a companhia do outro.

Em minha pequena obra sobre a arte da vida,[1] afirmei que o itinerário da vida é bidimensional e precisa ser projetado sobre dois eixos perpendiculares: uma dimensão é o que comumente chamamos "destino" – a acumulação de fatores sobre os quais não se tem influência, sendo-se incapaz de modificá-los ou fingir que não existem. A outra é o que poderia ser sumariamente designado "caráter" – os ativos e passivos sobre os quais se pode trabalhar (e, nesse sentido, recusar-se a trabalhar ou desprezar essa possibilidade). O destino pode ser considerado responsável pelo conjunto de opções que se abrem convidativamente a um ator, mas são fechadas ou, pelo menos, restringidas a outros; ele traça a linha que divide as opções realistas das irrealistas. O caráter do ator, por outro lado, tem responsabilidade pela escolha entre o sortimento de opções realistas já estabelecido – embora por vezes (ainda que não com muita frequência, em função da racionalidade essencial dos *Homines sapientes*) motivando a oferta (em geral, ainda que nem sempre, vã e inútil) por uma opção irrealista. No planejamento da trajetória de vida, esses dois fatores cooperam: jogar a responsabilidade pelo curso de vida diretamente aos pés de um dos fatores e fechar os olhos à contribuição do outro é um enorme equívoco. Dada a inescapável interferência dos dois fatores, nenhum deles cria "necessidades" (como afirmou William Pitt Jr., de forma rude, mas correta, em seu discurso na Câmara dos Comuns proferido em 18 de novembro de 1783: "A 'necessidade' é o argumento dos tiranos e o credo dos escravos"). No máximo, cada um desses dois fatores está envolvido na *redistribuição das probabilidades de diferentes escolhas que estejam sendo feitas*.

O ponto crucial é a conexão das influências do destino e do caráter no curso da autocomposição. Sua conexão é ainda mais íntima porque a distinção entre eles chega quase a ponto de se sobrepor à oposição entre os componentes ou aspectos "externo" e "interno", "material" e "físico" e, no geral, "objetivo" e "subjetivo" dessa composição. Sua relação mútua no curso do trabalho de autocomposição de toda uma vida pode ser comparada à fibra e à trama de uma tela, ambas tecidas com o mesmo fio. Afinal, o destino atinge o ator não apenas como uma força estranha, mas também (e talvez principalmente) na forma já processada num conjunto de predisposições adotadas e internalizadas (estabelecidas com firmeza na mentalidade do ator, mesmo que – citando Ernst Bloch – apenas de forma "preditiva" ou "pré-consciente"); exercer o pensamento significa aventurar-se *além do destino*, como insistiu Bloch ao estabelecer uma distinção entre a razão "participativa" e sua variedade somente "contemplativa", e assim ele ultrapassa o statu quo.[2] Sabe-se que o caráter, por outro lado, influencia seriamente a forma e o conteúdo daquilo que repercute no ator, e tende a ser percebido e classificado por ele como seu destino.

O trabalho de autocomposição nunca termina; eu sugeriria que sua história pode ser visualizada como uma cadeia de momentos presentes, cada qual apanhado no ato de reciclar o futuro apresentado à mente preditiva, pré-consciente, transformando-o num passado que consiste em traços deixados pelas atividades da razão participativa.

RR: Concordo em tudo, embora minha metáfora seja um pouco diferente: uma extensão do que é chamado de "expectativa de vida ao nascer". Normalmente essa expressão se refere ao número de anos que se espera que alguém viva. Mas também poderíamos pensar nessa expectativa de maneira mais ampla – como o tipo de vida que se espera que alguém tenha num "jardim dos caminhos que se bifurcam", na expressão de Borges. Também poderíamos imaginá-la como uma árvore, com possibilidades ramificando-se à esquerda e à direita naqueles incontáveis momentos em que as condições de nascimento de uma pessoa, sociais e biológicas, não determinam as escolhas que ela faz. Mas algumas escolhas decerto lançam a pessoa num trecho passível de tipificação de seu curso de vida por certo período. Alguns pontos de ramificação alteram essa direção irremediavelmente; outros ramos se separam por algum tempo, oferecendo novos pontos de encontro mais adiante. Cada um desses pontos de ramificação corresponde a uma decisão, embora nem sempre tenhamos consciência de tomá-las – e evitar ou adiar essas decisões pode significar somente que as estamos delegando a outras pessoas.

As influências que modelam tais decisões são captadas muito bem nas forças opostas do "destino" e do "caráter" de que você fala. Até certo ponto, contudo, esses aspectos também podem ser mutuamente determinantes – certos traços de um "caráter" teriam maior probabilidade estatística de aparecer em alguns ambientes do "destino" que em outros. Mas muitos deles sempre dependeriam do indivíduo em particular. Algumas pessoas aceitam suas condições pacificamente, outras se revoltam contra elas. Algumas se revoltam contra um tipo de condição, outras contra tipos diferentes. Mas essas revoltas também são momentos de escolha que enfrentamos ao nos movermos para cima em nossa árvore da expectativa de vida, potencialmente ali, desde o começo.

Claro, a oportunidade e outros fatores incontroláveis, incluindo o que ocorre com as árvores da expectativa de vida de outras pessoas, podem influenciar muito o curso da vida de um indivíduo e abrir possibilidades totalmente novas, assim como eliminar possibilidades existentes. Mas, no geral, talvez pudéssemos enxergar a trajetória de uma existência como algo moldado pela árvore da expectativa de vida, por um lado, e pelas decisões individuais tomadas a cada

A composição dos selves

ponto de ramificação, de outro. Nós criamos nossa vida assim como ela nos cria.

Ora, se quisermos avaliar o sucesso de uma vida, uma possibilidade de fazê-lo seria com um altímetro da felicidade, talvez comparando o ponto real que a pessoa alcançou subindo na árvore da expectativa de vida com a altura da própria árvore. O problema é que nenhum altímetro que usamos agora é estritamente vertical, e nem podemos ver onde está essa verticalidade – ou até se ela existe. O altímetro que iguala felicidade e riqueza material coloca, assim, o ponto mais elevado em determinado lugar, enquanto o altímetro, digamos, da realização espiritual o coloca num ponto bem diferente. E nenhum dos dois coincide com o altímetro da família harmoniosa, do amor apaixonado ou da sabedoria. Todos eles estão em ângulos diferentes uns dos outros, o que os torna incompatíveis em seu conjunto. Mas, apesar disso, o indivíduo típico gostaria de ter um bom desempenho em pelo menos vários deles. Assim, cada indivíduo inevitavelmente fracassa em alguns aspectos, enquanto provavelmente se dá bem em outros.

Evidentemente, esses altímetros da felicidade não são invenção nossa – não podem ser. Nós os tornamos nossos. Ainda assim, só um indivíduo raro, forte, é capaz de determinar para si mesmo uma verticalidade absolutamente rígida pela qual seja capaz de medir seu progresso ao longo de sua árvore da expectativa de vida. A maioria, receio eu, segue verticalidades que são como caniços à mercê dos ventos socioculturais – às vezes mais, às vezes menos. E com frequência a escolha daquele que, no momento da ramificação, parece o mais correto, mais tarde, em diferentes circunstâncias, será motivo de um amargo arrependimento – embora ninguém possa saber o que de fato teria acontecido no possível mundo criado pela escolha alternativa.

O que me interessa é exatamente o que ocorre nesses pontos de ramificação e em que medida somos capazes de tomar ali nossas decisões. Concordo plenamente que "o trabalho de autocomposição nunca termina", mas o mesmo vale para a tarefa da autoprodução – gostaria de estabelecer uma oposição entre esses dois termos, sendo "produção" o trabalho de forças de controle exteriores para as quais somos a argila e "composição" nosso próprio trabalho, em que somos os oleiros – mesmo que, como oleiros, tenhamos sido previamente moldados a partir da argila.

O que parece ter acontecido aqui nas últimas décadas é certa guinada muito bem ilustrada pela evolução dos populares brinquedos Lego. Quando eu era jovem e os vi pela primeira vez, eles vinham em kits a partir dos quais você podia construir suas próprias fantasias, com alguns exemplos inspiradores apresentados no folheto que os acompanhava. Quando meus filhos começaram a brincar com eles, o conceito havia mudado: cada kit era vendido com o número exato de peças para se construir determinado modelo, algo como um quebra-cabeça com uma solução correta. Claro, se você tivesse muitos deles, poderia combiná-los e mesmo misturar os diferentes mundos que havia adquirido, mas continuava o fato de que esses mundos tinham se tornado totalidades preordenadas, sistematizadas e internamente completas, destinadas a serem aceitas juntamente com suas regras e narrativas.

É evidente, grupos de construtores profissionais podem produzir mundos mais convincentes que uma criança que acabou de ser apresentada a esses brinquedos pela primeira vez, de modo que eles ganham inquestionavelmente em termos de qualidade. Mas o que eles terão tirado em termos colaterais dessa criança é a necessidade de inventar esses mundos – e a imensa alegria que vem com isso, a qual é substituída pelo impulso, comercialmente muito mais compensador, de comprar a próxima peça da série, o próximo elemento de um mundo em expansão, porém pré-fabricado. E, de forma previsível, a criança que cresceu nos mundos Lego pré-fabricados terá menos problemas, como adulta, para se adaptar a mundos de vida pré-fabricados.

ZB: Gosto de sua alegoria da "argila" e do "oleiro", e mais ainda de seu adendo de que os oleiros de cerâmica (a minoria deles) não compram sua argila em lojas de arte, mas a obtêm, purificam e amassam eles mesmos a argila que extraem e utilizam segundo uma visão/concepção própria. É o que tentei captar e expressar quando falei sobre a internalização do destino do ator como algo que sempre envolve sua interpretação seletiva; e sobre o destino "cru", não processado, sempre manipulando as chances e a predisposição do ator de desenvolver seu caráter numa direção e não em outra.

Também gosto de sua introdução ao tema do "sucesso na vida", o qual, creio eu, pode ser revelado como a satisfação derivada de "um trabalho bem-feito": a realização do que Jean-Paul Sartre costumava designar como *projet de la vie*. Essa satisfação, uma espécie de metafelicidade sui generis, contudo – da mesma forma que outros aspectos da autocomposição –, é um sentimento instável, pulsante: um estado efêmero, uma condição momentânea passível de ser revogada e substituída pelo seu oposto. Mais uma vez citando Freud: à pergunta "O que [as pessoas] querem da vida e nela pretendem alcançar?", Freud responde: "Dificilmente a resposta seria hesitante. ... [As pessoas] anseiam por felicidade; querem se tornar felizes e assim permanecer." O problema, porém, é que elas *não podem* "assim permanecer":

> O que chamamos de felicidade no sentido mais restrito provém da satisfação (de preferência repentina) de necessidades represadas em alto grau, sendo, por sua natureza, possível apenas como manifestação episódica. Quando qualquer situação desejada pelo princípio do prazer se prolonga, ela produz tão somente um sentimento de contentamento muito tênue. Somos feitos de modo a só podermos derivar prazer intenso de um *contraste*, e muito pouco de um *estado de coisas*.[3]

Como você vê, a felicidade é o exato oposto de um "fato social" que Émile Durkheim postulou como o único tema legítimo da sociologia: uma "coisa", marcada, como todas as coisas, pela solidez, estabilidade, durabilidade e por um assombroso poder coercivo – difícil de resistir ou simplesmente irresistível. Em vez disso, é a *busca* da felicidade – e em particular a seleção dos objetos que essa busca tem como alvo e cuja apropriação/consumação se espera que seja, e consequentemente tende a ser, assim vivenciada/descrita, o momento da felicidade – que merece ser categorizada entre esses "fatos sociais".

Permita-me observar, porém, que o hábitat natural da busca da felicidade é o estado de *in*-felicidade, *in*-satisfação, *in*-completude – em suma, o estado de sofrimento capaz de gerar a dor da privação (como ser reprimido, alienado, antagonizado, abandonado, excluído, privado da dignidade da autoestima etc. etc.). O comentário anterior poderia também ser apresentado de outra forma: na oposição "infelicidade versus felicidade", o primeiro membro, a infelicidade, é (na terminologia da linguística estrutural) "não marcado". O segundo, "felicidade", é "marcado" – só pode ser definido em termos negativos: como o momento ilusório e passageiro em que é superado, desafiado, derrotado e encerrado – e, em geral, de sua negação... A felicidade é a força motriz das buscas existenciais, mas, da mesma forma que as outras utopias ativas, orientadoras, do tipo estrela-guia, sua "materialidade", na verdade sua significação humana e social, está inteiramente implicada em estimular sua busca contínua e nos efeitos permanentes – embora muitas vezes espontâneos (imprevistos, não intencionais e não planejados) – dessa busca.

Christopher Helman, da revista *Forbes*, fez uma reportagem sobre uma pesquisa realizada pelo Instituto Legatum, com sede em Londres – uma das muitas investigações que tentam "decifrar as causas" da felicidade humana, encontrar suas condições quantificáveis e codificáveis. "O Legatum classifica os países do mundo de acordo com empreendedorismo, liberdade pessoal, saúde, economia, capital social, educação, proteção & segurança e governança", observa Helman. As notas são atribuídas pelos sabichões da *Forbes*, e tiremos o chapéu para o volume de cálculos intricados que eles devem ter produzido até chegar a seus resultados e para o volume de energia que tiveram de despender nesse processo. De modo um tanto cáustico, contudo, Helman comenta:

A felicidade é subjetiva, não objetiva, e o que a define pode ser debatido ad infinitum. Será que prosperidade é igual a felicidade? Nem sempre, mas com certeza ajuda. Você está feliz com a vida que tem? Talvez você tenha considerado essa pergunta quando estava preso no trânsito, em seu carro de luxo, a caminho do seu emprego importante num prédio comercial espetacular. Você fantasiou sobre jogar tudo para o alto, abandonar o escritório, a hipoteca, os ternos, o estresse, o interminável cabresto eletrônico.[4]

E assim por diante, já que a lista de fatores "subjetivos" que desafiam e colocam em dúvida os "objetivos" se amplia potencialmente ad infinitum.

O Instituto Legatum, assim como muitas outras agências de pesquisa, extrapola da distribuição estatística de respostas a questionários (embora também, e de modo mais fundamental, dos pressupostos tácitos dos autores dos questionários com referência à "natureza humana") para a quantidade de felicidade que as pessoas *devem* ter a partir de pontuações atribuídas pelos pesquisadores ao que eles presumiram ser suas qualidades capazes de produzir felicidade. Mas e se algum Tom, Dick ou Harry não devem sua felicidade ao fato de possuir essas qualidades? Em outras palavras, e se eles não conseguiram fazer o que os pesquisadores presumiram que deviam ter feito? Bem, deve ser erro deles – de Tom, de Dick ou de Harry, não? Ou resultado de sua inaptidão em aproveitar as chances. Pois, como sabiam os pesquisadores antes de iniciarem o trabalho, é a economia, estúpido! Ou pelo menos é o que nós, tal como os sabichões do Legatum, ouvimos diariamente de pessoas que estão no foco das atenções.

E mais uma vez concordamos que os problemas, tropeços, falhas e defeitos humanos (embora, consequentemente, também as batalhas vencidas) vêm em muitas formas e cores. O sentimento de "leveza" poucas vezes é irrestrito e total, enquanto o estado de infelicidade dificilmente consegue afastar de todo os momentos agradáveis. Os dizeres *Lasciate ogni speranza* ("Abandonai toda esperança") gravados na entrada do Inferno não constituíam uma previsão melhor da trajetória que tínhamos pela frente que *Arbeit macht Frei* ("O trabalho liberta") sobre o portão de Auschwitz.

Tudo que se disse até agora é uma previsão de má sorte para os que sonham com um relato coeso das difíceis condições humanas, ou com a coesão de sua realidade: de endireitar essa "madeira torta de que é feito o homem", como diria Kant. É uma previsão de má sorte para os teóricos ocupados em organizar o conhecimento, assim como para os tiranos que buscam dominar e controlar os cordões que põem as marionetes humanas em movimento. Da mesma forma, contudo, todos esses são bons presságios para as possibilidades da indomável e incorrigível busca humana de felicidade. E para a imortalidade da esperança.

RR: Há uma antiga piada sobre um masoquista e um sádico, ambos os únicos sobreviventes de um naufrágio, numa ilha deserta: depois de algum tempo, o masoquista chega para o sádico e pergunta: "Será que você gostaria de me torturar?" O sádico olha para ele, sorri e responde: "Definitivamente, não!"

Tentar definir a felicidade segundo parâmetros quantificáveis, como o Instituto Legatum gostaria de fazer, é um empreendimento condenado desde o início. O prazer de uma pessoa é a dor de outra. Uma vez tive realmente a experiência de uma ilha tropical cheia de sol e de pessoas bonitas, o tipo de imagem-padrão do Paraíso que tem tradicionalmente proliferado nos filmes de Hollywood. Isso ocorreu após dois meses de uma expedição intensa e ocasionalmente muito difícil pelo Sudeste Asiático. Nossa pequena equipe ficou entediada no segundo dia e resolveu retornar antes do planejado. A felicidade modelo-padrão é como qualquer outro produto padronizado: supõe-se que o truque funcione para a maioria, mas todas as pessoas da Terra decerto pertencem pelo menos a uma minoria – ou provavelmente a várias delas –, de alguma forma.

A composição dos selves · 137

E é exatamente por isso que a composição – em oposição à produção – dos selves é tão importante. Como indivíduo livre, tenho não apenas o direito de buscar a felicidade, que, juntamente com a vida e a liberdade, a Constituição dos Estados Unidos relacionou como um dos três direitos inalienáveis dos seres humanos. Também tenho o direito de cometer meus próprios erros, desde que esteja preparado para assumir a responsabilidade por eles. Com efeito, tenho o direito a fracassos, decepções e a todos os tipos de problema – em suma, à minha própria infelicidade, novamente desde que não imponha tal condição a outros. E, obviamente, também tenho o direito de seguir a trilha que leva à felicidade modelo-padrão *se eu assim escolher*. No entanto, isso é algo a que ninguém me pode forçar.

Portanto, não estou bem certo de que seja muito útil caracterizar o estado de busca da felicidade nesses termos negativos que, juntamente com Freud, você propôs. Afinal, só existe uma quantidade limitada de matéria capaz de ser aprendida a partir dos erros de outras pessoas, e grande parte da satisfação que se sente após uma vitória deriva precisamente do esforço que se fez no processo que levou a ela. Se assim não fosse, os jornais poderiam começar a publicar palavras cruzadas já resolvidas em vez daquelas a resolver. E mesmo que haja um sentido de falta subjacente ao processo de "busca da felicidade" – assim como a motivação por trás dele –, há também o outro lado dessa moeda, a experiência demasiada humana nitidamente captada pela expressão inglesa *looking forward* ("antecipar"). Antecipar alguma coisa significa ter prazer com essa coisa mesmo que ela não esteja materialmente ali, que não seja fisicamente uma parte de seu mundo, mas esteja presente em sua mente. Sim, às vezes esse prazer pode ser maior que a satisfação derivada da coisa em si. Sim, às vezes o sentido de antecipar pode de fato se tornar a causa de uma decepção futura. E ele pode ser usado, manipulado, explorado a fim de seduzir o indivíduo a fazer algo que ele, ou ela, normalmente não faria. É por isso que também existem realistas linhas-duras – por exemplo, minha mulher, que nega a si mesma a experiência de antecipar para não se decepcionar com falsas esperanças. Evidentemente, isso também é direito dela.

ZB: Como você diz, o ato de "antecipar" "pode ser usado, manipulado, explorado a fim de seduzir um indivíduo a fazer algo que ele, ou ela, normalmente não faria". Pode *ser* usado? *Sim!* Todos os dias e numa escala total e verdadeiramente maciça. Eu chegaria a ponto de sugerir que nossa sociedade de consumidores, que emprega o padrão consumista para organizar e administrar seus três níveis – pessoal, grupal e societário – sistêmicos, é baseada no abuso sistemático da tendência de seus membros a "antecipar".

Nossa sociedade de consumidores conseguiu redirecionar essa tendência cujas raízes Thorstein Veblen fixou, cem anos atrás, no "instinto para o artesanato" – ou seja, no desejo endêmico, instintivo, de fazer um trabalho bem-feito, de extrair prazer desse aperfeiçoamento, de buscar a felicidade no que Mauro Magatti e Chiara Giaccardi recentemente chamaram de "*ex*corporação", a tendência a, e o impulso de, *contribuir* para o mundo – para algo que se poderia descrever como o "instinto de consumo", de apropriação e fruição das coisas, de "*in*corporação": a propensão e o impulso de *retirar* do mundo, uma a uma, as coisas que foram primeiramente transubstanciadas em mercadorias.

O pesadelo dessa sociedade consumista são esses "realistas linhas-duras" como sua mulher, caro Rein: seres humanos que se recusam a "antecipar" novos e não experimentados prazeres, que optam em vez disso por ficar de fora da busca quase universal de um volume e de uma intensidade cada vez maiores de sensações prazerosas; em outras palavras, os "consumidores *satisfeitos*" – pessoas contentes com seu atual nível de consumo e surdas às vozes das sereias que as atraem e chantageiam a seguir em frente; a vozes que difamam e ridicularizam ou censuram a modéstia e a inércia das necessidades/vontades/desejos aos quais seus potenciais clientes se acomodaram – vozes que seduzem e atraem esses outros clientes para um estado de sede insaciável por novos e ainda não experimentados objetos de desejo. E não admira: consumidores satisfeitos poderiam soar como um dobre de finados para a sociedade de consumo.

A arte do marketing consiste hoje numa estratégia destinada a despertar o desejo de novos prazeres e garantir que a felicidade derivada de satisfazê-los seja a mais breve possível. O efeito colateral dessa estratégia é transformar a economia consumista num modelo caracterizado pelo excesso e o desperdício. Uma vez tendo sido capitalizada, "comodificada" e redirecionada pela economia consumista, a inclinação humana, extremamente humana, de "antecipar" se transforma, com muita frequência para se tornar, como você corretamente apontou, mais prazerosa do que "a coisa em si". Com efeito, comprar é, *em regra*, mais agradável que seus resultados, ou seja, a posse e o consumo das coisas compradas; além disso, o lapso de tempo desse desfrute, ao contrário da longevidade que caracteriza as alegrias da posse, é em princípio infinitamente ampliável – ao menos os mestres da arte do marketing fazem o possível para que assim seja.

Você diz "Não estou bem certo de que seja muito útil caracterizar o estado de busca da felicidade nesses termos negativos", que eu, seguindo a observação de Sigmund Freud, proponho. Creio, contudo, que as bases para caracterizar esse estado nesses termos nunca foram tão amplas e profundas, sólidas e convincentes como hoje, graças à nossa sociedade de consumidores. Essa sociedade desenvolveu um poderoso interesse arraigado, sine qua non, em reforçar o que, em outras circunstâncias, é uma tendência universal, e impor a "característica... em termos negativos" sobre os três outros níveis do sistema social; ao mesmo tempo que a visão de mundo consumista hegemônica nesta sociedade garante que o estado de insatisfação se mantenha sempre pronto para conceber e propagar novos modelos, visões e espécies de objetos de desejo geradores de felicidade. Ela também garante que esses modelos e visões não sobrevivam ao momento em que objetos de desejo se transformam em objetos de posse.

Como já afirmei em outra parte, todas as lojas, independentemente dos bens e serviços que ofereçam a seus fregueses, têm como base de seu poder a atração e a sedução de se representarem (e serem percebidas, de modo manifesto ou latente) como farmácias sui generis – vendendo remédios contra as aflições causadas pela competição insana e a vida atribulada, as dores e ansiedades geradas pela incerteza existencial, os escrúpulos morais pervertidos pela fragilidade das relações inter-humanas e, em geral, o vergonhoso e humilhante "baixo desempenho" na arte da vida – manifesto como o é na distância irredutível que separa o "ir em frente" do "antecipar". Como sabemos muito bem, a segurança e a lucratividade financeiras da indústria farmacêutica crescem com o número de sofredores buscando um remédio para seus tormentos entre os medicamentos empilhados nas prateleiras de seus depósitos. Para que mais medicamentos sejam vendidos e o lucro aumente, essa indústria precisa de mais doenças, não menos – e mais, não menos, condições de vida definidas e consideradas patológicas, ou seja, que exijam um tratamento e sejam essencialmente curáveis. Genuína ou suposta, a validade de um remédio transforma desejos em obrigações.

RR: Concordo plenamente com tudo o que você diz sobre a sociedade de consumo contemporânea. O que não creio, porém, é que essa sociedade tenha conseguido institucionalizar de modo irrevogável todo o espectro da condição humana. Como eu dizia antes, já no início da década de 1960 Marcuse havia apontado muito disso: é do caráter do "sistema" criar nas pessoas necessidades irreais, ilusórias, que ele então propõe satisfazer. Não obstante, aquela década assistiu a um enorme levante contra o sistema, tanto no Ocidente quanto em parte do bloco oriental. O pêndulo agora oscilou para o lado oposto, e muitos ideais da década de 1960 não têm mais credibilidade, mas sinceramente não acredito que isso signifique que a condição humana esteja correndo sério perigo.

É verdade que para a maioria de nós não existe alternativa a ser, em certa medida, cúmplices do sistema. Mesmo as ecofazendas que fornecem produtos não contaminados quimicamente a consumidores mais esclarecidos (e mais ricos) se tornaram parte do sistema e às vezes vendem seus produtos nas mesmas cadeias de supermercados.

A composição dos selves 141

Nesse sentido, não há retrocesso. Assim, o que precisa ser alcançado é um modus vivendi – ou, se necessário, uma anexação. Deve haver maneiras de as partes do sistema sem as quais não podemos viver serem usadas para criar novos espaços e oásis dentro do sistema para aqueles que não estão satisfeitos com o resultado-padrão. E isso já está acontecendo.

O *crowdsourcing* é um bom exemplo: financiar *startups* ou projetos culturais que prefiram ficar fora do alcance das grandes corporações, que estejam atingindo seu público potencial diretamente, o que oferece uma chance de encontrar um nicho para produtos e empreendimentos que, algumas décadas atrás, estariam no estágio da ideia maluca. Pequenas editoras, praticamente não lucrativas, conseguiram garantir uma parcela significativa do território da qualidade no mercado literário. Mesmo na cultura popular predominante, os produtores que costumavam divulgar mitos agressivos têm sido aos poucos forçados a ajustar suas ideologias e a ouvir veículos críticos independentes como o videoblog Feminist Frequency, de Anita Sarkeesian. E assim por diante. Não estou sugerindo que a situação atual seja boa, apenas que nem tudo está perdido.

Entretanto, o que eu tinha em mente com o "antecipar" como parte necessária de nossa autocomposição era na verdade algo diferente de antecipar o futuro desfrute durante o consumo, ainda que a máquina consumista gostasse muito de sequestrar o significado dessas palavras. Posso também estar contemplando um longo passeio no parque. E se chover? Ou a visita a um velho amigo. E se discutirmos, como acontece algumas vezes? Se vincularmos nossa busca da felicidade a uma ideia de perfeição, nunca vamos conseguir nada, pois a chuva e as discussões são, e forçosamente continuarão a ser, parte de nossa vida, da mesma forma que a luz do sol e a amizade harmoniosa. Isso é esquecido com frequência. Também é, ao menos em parte, um efeito do consumismo: todos nós temos apenas recursos limitados em tempo e dinheiro à nossa disposição, e, assim, uma forma de avaliar nossas conquistas é descobrir se as utilizamos com mais eficiência – se passeamos no parque apenas em dias de sol e se as festas que organizamos fazem 100% de sucesso. Em outras palavras, o grau de perfeição que conseguimos atingir.

Não há nada errado em buscar a perfeição, mas, uma vez que esta tenha sido definida, isso se torna um problema, pois o movimento para. Nesse sentido, a perfeição é a morte, pois nesta também não há mudança. Assim, talvez possamos conceber a perfeição de duas formas diferentes: como um destino terminal, o ponto final de determinada trilha, a realização do sonho que estivemos contemplando; ou algo que não se pode medir por padrões absolutos e imutáveis, e que sempre nos escapa, como o ponto cinzento entre quadrados negros da famosa ilusão de ótica. E isso obviamente pode ser usado para manter vivo o desejo por algo novo – e também melhor: um desejo eficientemente captado por um grafite que vi uma vez num muro em Berlim: *Alles wird besser. Nichts wird gut* ("Tudo fica melhor. Nada fica bom").

Essas duas atitudes opostas em relação à perfeição, na verdade, são muito bem ilustradas pelas diferenças entre a estética ocidental e a japonesa. No Ocidente, a arte sempre esteve um pouco mais próxima da ciência que em outras partes do mundo, na ideia de que uma representação artística "correta" não lhe é estranha. Por exemplo, ainda que estudiosos como Erwin Panofsky[5] e Nelson Goodman[6] tenham demonstrado de modo convincente que a perspectiva geométrica não é a forma natural ou mesmo correta de representar um mundo tridimensional num espaço bidimensional, ainda é generalizada a convicção de que essa convenção artística é um modo adequado, com base científica, de representar a realidade. Assim, se, por um lado, a arte ocidental dá o devido crédito à habilidade individual do artista, ela também implica a existência de regras dentro das quais a perfeição criativa deve se realizar. Claro, nenhuma prática cultural pode funcionar sem regras, e isso também é válido para a arte asiática. Apesar disso, a atitude em relação a elas é diferente. O próprio caráter dessas regras é diferente.

Falamos antes sobre a emulação como um possível paradigma do autodesempenho. A perfeição estética também pode ser abordada mediante a emulação. A palavra japonesa *kata* indica a maneira

A composição dos selves   143

adequada de se fazer alguma coisa – por exemplo, preparar ou mesmo ingerir uma comida complicada, ou desembainhar uma espada, e algumas pessoas passam anos treinando para atingir a perfeição em algumas dessas práticas. Mas uma pessoa que tenha atingido a *kata* não fica prisioneiro dela. Pelo contrário, uma vez tendo sido o modelo internalizado a ponto de poder ser emulado sem nenhum esforço consciente, a pessoa está livre para agir à vontade. As regras não mais se aplicam. Um mestre pode transgredir as regras mais simples a que o novato deve obedecer, pois um mestre só faz isso por um bom motivo; e porque nenhuma regra é absoluta como seriam as leis da natureza, é apenas a aposta segura, a maneira mais fácil de navegar num fluxo constante. O que a conquista da *kata* nos ensina não é a perfeição, mas sua ausência final. Não é, não pode ser uma questão de grau, as coisas não podem ser mais nem menos perfeitas. Motivo pelo qual uma xícara de chá feita à mão, que pode até ter (algo que parece) um defeito visível, é sempre preferível a um impecável produto de fábrica, que não difere dos outros de sua espécie. O mesmo é válido para as vidas.

ZB: Você propõe investir esperanças, por exemplo, em "financiar *startups* ou projetos culturais que prefiram ficar fora do alcance das grandes corporações". O problema é que a maioria dessas *startups* e projetos consegue "se manter fora do alcance" apenas enquanto vivem do boca a boca, lutando continuamente para sobreviver. O primeiro grande sucesso, porém, na maioria dos casos é suficiente para que alguma "grande corporação" os seduza a uma fusão "amigável" ou os force a fazê-lo de maneira despudoradamente hostil ("fusão" sendo aqui um codinome politicamente correto para um peixe grande comendo um peixe menor, mas saboroso, codinome usado pelas feras de rapina empresariais e pelos gaitistas que elas pagam ao ajustar seus tons), seguida por uma rotina de venda de ativos (termo politicamente correto para roubo) e dispensa de pessoal. Na verdade, sua falta de sucesso (ou seja, a não expansão da demanda e a ausência de lucros) é a própria condição de sobrevivência das iniciativas locais, pequenas e claudicantes.

144 A individualidade numa época de incertezas

Em nosso mundo des-governado pelo mercado, o preço da autonomia é a insignificância. Infelizmente, é uma certeza que, se as *"startups* ou projetos culturais", ou mesmo, na verdade, as pequenas editoras não competitivas que você tem em mente, são deixados por sua própria conta e ultrapassados por predadores empresariais, isso ocorre porque suas expectativas de sucesso, na opinião dos predadores, são mínimas ou nulas. Com muita frequência, em retrospecto, verifica-se que os pioneiros trabalhos de base feitos pelos participantes do *crowdsourcing*, iniciativas de indivíduos nobres ou grupos de entusiastas, foram fruto de um esforço voluntário, não remunerado, de estabelecer novas pastagens para o gado empresarial, ou aventuras de reconhecimento destinadas a explorar e mapear novos territórios para uma subsequente expansão corporativa.

A resistência a essa triste guinada de eventos é possível, e são muitos os exemplos de uma galante e ocasionalmente duradoura tentativa de defesa "contra tudo e contra todos"; isso, contudo, poucas vezes acrescenta estabilidade a uma existência permanentemente em risco, frágil e "até segunda ordem". Uma vez que as forças empresariais sejam livres para exercer com intermitência seus poderes de coação "duros" e "suaves", de corrupção ou de sedução, as chances de sobrevivência são assombrosamente negativas. Se estiver em dúvida, recorde-se do destino abominável da nobre ideia de "kibbutzismo", ou da rendição meio forçada, meio voluntária, mas com frequência entusiástica, das "sociedades mutualistas" britânicas, não lucrativas, perante a ambição e a cupidez dos bancos.

Quanto à sua revelação das intenções por trás da ideia de "antecipar", isso mostra que o que você tinha em mente era a mistura de uma determinação forte o bastante para suportar contingências desfavoráveis, e portanto desanimadoras, com a disposição de aceitar resultados menos que perfeitos. Assim, você adverte sobre os dois pecados da debilidade da energia e da intolerância da meticulosidade. Sobre isso, não há discordância entre nós. Mas, ao reagir à sua discussão do ato de "antecipar", o que eu tinha em mente era o conceito de Ernst Bloch, de "viver voltado para o futuro", na visão dele, a verdade categórica da condição humana (o autêntico no homem e no mundo, como Bloch registrou, é o potencial de ambos: esperar, viver com o medo de se frustrar e na esperança de ter sucesso). É a propensão a "antecipar" no sentido blochiano que, em minha visão, tem sido hoje interceptada, ocupada, conquistada e colonizada; e é exatamente essa propensão que continua a ser capitalizada pelos mercados de consumo na prática cotidiana endossada e legitimada pela filosofia de vida hegemônica entre os cidadãos de nossa sociedade de consumidores.

Também concordo com você quanto à inconveniência (mas também insustentabilidade) do "estado de perfeição", reconhecidamente definido por Leon Battista Alberti como um estado em que qualquer nova mudança tende a ser para pior. A assunção de uma atitude perfeccionista sinaliza/inspira uma mistura insalubre de intolerância, insensibilidade e cegueira moral. Antes considerado conhecido por antecipação, o "estado de perfeição" tende a legitimar e absolver a maioria das práticas desumanas, letais, cruéis e brutais do tipo "os fins justificam os meios". Albert Camus disse a mesma coisa ao declarar que o tipo moderno do mal é cometido em nome das ideias mais nobres e elevadas. Camus também é conhecido pela opinião de que a verdadeira generosidade em relação ao futuro está em dar tudo ao presente.

Buscar a perfeição no segundo de seus dois significados – o impulso de tornar as coisas (os objetos da ação ou a habilidade de agir dos atores) melhores do que elas têm sido até então, os esforços de "aperfeiçoamento" baseando-se na crença na infinita "perfectibilidade" das coisas, e não no esforço para alcançar a perfeição com base na crença de que, uma vez que as entidades diferem quanto ao grau de excelência, uma delas deve ser "perfeita", ou seja, melhor que qualquer alternativa concebível (raciocínio utilizado por santo Anselmo em sua prova da existência de Deus) – pode ser visto, contudo, como um empreendimento louvável: na verdade, um motor de mudança,

146   A individualidade numa época de incertezas

autorreflexão e crítica contínuas. Felizmente, essa busca é também companheira inseparável do modo humano de ser e estar no mundo, mesmo que (por lástima) juntamente com seu oposto: a tendência à rotinização.

Permita-me, contudo, pronunciar neste momento algumas palavras do livro de Jeremy Rifkin, em minha opinião, muito relevantes para nossos interesses e nossa discussão.[7] As respostas que Rifkin oferece à sua (mas também minha) tentativa de identificar uma luz no fim do túnel pelo qual atualmente tropeçamos – respostas baseadas num volume de fatos reconhecidamente amplo – combinam-se num desafio radical ao credo prevalecente em nossa época, expresso e aceito de alto a baixo na sociedade: do filósofo sofisticado das classes letradas ao senso comum dos *hoi polloi*. O que Rifkin afirma é que uma alternativa aos mercados capitalistas, ampla porém erroneamente vistos como uma característica eterna da natureza humana, é não apenas concebível, mas já nasceu e está ganhando terreno, com a possibilidade de se tornar predominante não em questão de séculos, mas de algumas décadas.

Resumindo a tese de Rifkin, o capitalismo está de saída, substituído de modo gradual, porém incontrolável e irreversível, por "bens comuns colaborativos": um modo aparentemente novo de coexistência, embora profundamente arraigado na história pré-capitalista. As comunidades de bens precedem, como Rifkin nos lembra, as instituições modernas/capitalistas, e são de fato "a forma mais antiga de atividade institucionalizada, autoadministrada, de nosso mundo".[8] E para explicar do modo mais breve possível como diferem os pontos de partida e de chegada da atual transformação:

> Enquanto o mercado capitalista é baseado no autointeresse e impulsionado pelo ganho material, a comunidade de bens sociais é motivada por interesses colaborativos e impulsionada por um desejo profundo de conectar-se e compartilhar com os outros. Se aquele promove os direitos de propriedade, *caveat emptor* ("Cuida-

A composição dos selves 147

do, comprador"), e a busca de autonomia, este propõe a inovação do tipo código aberto, a transparência e a busca de comunidade.[9]

Quando fala do capitalismo que ele considera estar atualmente em declínio, Rifkin se refere "a uma forma única e peculiar de empresa em que a força de trabalho é privada da propriedade das ferramentas que utiliza para criar os produtos, e os investidores que são donos das empresas são privados do poder de controlar e administrar seus negócios".[10] Enquanto os "bens comuns colaborativos", insiste Rifkin, não são um conto de fadas da terra do nunca-jamais, mas uma realidade que se encontra na próxima esquina; uma realidade separada da condição presente não por uma revolução, uma guerra mundial ou outra catástrofe, mas por uma faixa de tempo "que está encolhendo exponencialmente", de que necessitam as formas de convívio e os modos de comunicação já plantados, germinando e florescendo, que acumulam energia e resolvem problemas logísticos para alcançar a maturidade.

Rifkin sugere que as "comunidades de bens contemporâneas" já podem ser observadas. São compostas por "bilhões de pessoas" que se envolvem nos aspectos profundamente sociais da vida. São "constituídas, literalmente, por milhões de organizações de atenção à saúde, grupos de defesa e representação, associações de condomínios e uma lista quase infindável de outras instituições formais e informais que geram o capital social da sociedade". Podemos concluir que o capital social de que necessitam os "bens comuns colaborativos" para ascender já está a postos e se amplia, à espera de ser colhido, acumulado e posto para funcionar. Uma vez amadurecidos, os bens comuns colaborativos vão "quebrar o domínio monopolista das empresas gigantes, verticalmente integradas, em operação nos mercados capitalistas, fomentando a produção compartilhada em redes continentais e globais lateralmente ampliadas com um custo marginal próximo de zero".[11]

Creio que Rifkin está certo quando nos convoca a arrancar a cortina que a sociedade consumista controlada pelo mercado estendeu para esconder as alternativas cada vez mais tangíveis e realistas de uma sociedade de *colaboração*, em vez da sociedade de *competição*. Aqui, contudo, acaba minha concordância com Rifkin. Convocar-nos – corretamente – a resistir à tentação de menosprezar ou rejeitar o ainda incipiente florescimento de ambientes sociais no estilo bens comuns (toda maioria começa obrigatoriamente como uma pequena minoria, e os carvalhos mais frondosos originaram-se de minúsculas bolotas) é uma coisa; outra, bem diferente, é a sugestão duvidosa – para dizer o mínimo – de que a causa da substituição dos mercados capitalistas pelos bens comuns colaborativos a essa altura está muito perto de ser decidida e que o resultado da atual transformação é predeterminado. Isso parece uma nova versão do "determinismo tecnológico". Mas machados podem ser usados igualmente para cortar madeira ou cabeças – e, embora a tecnologia determine o conjunto de opções aberto para os seres humanos, ela não determina qual delas será preferida ou suprimida. A rota do desenvolvimento tecnológico não é uma via de mão única, muito menos uma rua pré-planejada e definida antes de sua construção. Embora a pergunta "O que os seres humanos *podem* fazer?" possa e deva ser dirigida à tecnologia, a pergunta "O que os seres humanos *vão* fazer?", contudo, é mais bem direcionada à política, à sociologia, à psicologia – com as respostas precisas finais provavelmente obtidas apenas com o benefício de uma visão retrospectiva.

RR: Mas Rifkin está falando da mesma tendência a que me referi, não está? Assim, o perigo de ser dominado pelos tubarões corporativos, caso sejamos bem-sucedidos, também deveria ser iminente para os bens comuns? Concordo que a história do "Have a Cigar", tomando de empréstimo a música do Pink Floyd – a trajetória quase trivial de um grupo de jovens músicos talentosos que atinge o sucesso e então se entrega à tentação oferecida por um grande selo e é absorvido pelo lugar-comum –, pode ser aplicada igualmente bem a *startups* ou a quaisquer outras "organizações autoadministradas, na maioria democraticamente, incluindo instituições de caridade, entidades religiosas, grupos artísticos e culturais, fundações educacionais, clubes esportivos amadores, cooperativas de produção e de consumo, cooperativas de crédito", e assim por diante, caso se mostrem viáveis e possivelmente comecem a ameaçar a posição de algum gigante operando no mesmo ramo.

A questão é precisamente: "O que os seres humanos vão fazer?" Mas creio que, para muitos, a experiência de um coletivo igualitário, guiado por ideias, impede que alguém seja sugado facilmente por um exército organizado de engravatados. Com mais frequência, essas pessoas avançam para criar algo novo. E aqui, pelo menos, elas têm a liquidez das estruturas sociais do mundo atual para agradecer por essa possibilidade. Falando resumidamente, mesmo que eu deseje aos bens comuns colaborativos sucesso em todos os campos, não acredito que eles tenham a capacidade de tirar as estruturas capitalistas de sua posição estabelecida – mas o que decerto podem fazer é fornecer a um grande número de pessoas (e, basicamente, pessoas de sucesso com potencial inovador) a experiência organizacional que dá precedência ao espírito livre em relação à lógica empresarial, sem muita preocupação com os benefícios materiais trazidos pela capitulação diante desta.

Mas voltemos à questão em pauta. David Levine formulou a precondição de um indivíduo livre como "o potencial de levar uma vida ainda não determinada",[12] que para ele significa, primeiramente e acima de tudo, não determinada pela ambição. Ou, poderíamos acrescentar, por trajetórias prescritivas do que alguém deve ter, ser e fazer em qualquer estágio da vida – ou pelo impulso de se tornar outra pessoa, mais conformada aos ideais e normas impostos pelo ambiente sociocultural. "Uma vida ainda não determinada" é a que se ajusta a um self não produzido, mas que compõe a si mesmo – e quando falamos em composição, espero que você concorde comigo, não estamos imaginando alguém organizando elementos prontos para formar um conjunto agradável, mas algo próximo ao trabalho de um compositor. A música também só pode surgir a partir de sons que sejam perceptíveis ao ouvido humano – ou seja, sons que, de certa forma, já estejam lá, como as palavras de uma língua ou as cores da paleta. Mas frases podem ser velhas ou novas.

Um viajante num país estranho pode se safar da maioria das situações usando apenas frases feitas, roteiros de conversa que podem ser encontrados num manual adequado, e utilizamos esses cenários de bate-papo em incontáveis ambientes, todos os dias. Não há nada de errado com isso, pois essa linguagem mantém abertos os canais de comunicação e estabelece contato entre as pessoas, oferecendo-lhes uma base comum. O que é errado, porém, é ser reduzido a essa linguagem, encerrado nela. O mesmo, creio eu, se aplica a outras esferas de atividade: deve haver música em todas elas, e por música quero dizer não a reprodução mecânica de uma peça por um estudante de piano novato, mas uma coimprovisação imprevisível, porém harmoniosa, de músicos talentosos tocando juntos, sempre como se fosse a primeira vez, colaborando num processo que define cada um deles como indivíduos e todos eles como uma coletividade ad hoc. Isso é algo que todos nós somos em qualquer momento dado.

· Posfácio – ZB ·

Ao apresentarmos o tema central de nossa conversa eletrônica, a instabilidade essencial das condições em que nossos selves são atualmente compostos, reproduzidos, preservados, abandonados ou perdidos, referimo-nos ao fenômeno mais amplo dos sistemas de "não equilíbrio" ou "de dissipação", descritos de forma bastante detalhada por Ilya Prigogine – especialmente em *Exploring Complexity*.[1] Como exemplo simples de um desses sistemas, cujo estado é frágil e sujeito a mudanças abruptas e irreversíveis, Prigogine nos pede que imaginemos um lápis em posição vertical, equilibrado pela ponta: a mínima força lateral irá causar uma queda da qual esse "sistema" nunca irá se recuperar por conta própria. A descrição técnica completa do sistema exige uma terminologia especializada que Prigogine nos fornece; nela, os papéis provavelmente mais cruciais são desempenhados pelos conceitos de perturbação e turbulência. Quando transplantados para o campo semântico da autoconstrução, reconstrução e, nesse sentido, dissipação, eles seriam de grande ajuda para explicar a observada fragilidade dos selves e a enormidade da tarefa de sua preservação em nosso ambiente líquido moderno endemicamente turbulento.

Na maior parte de nosso intercâmbio eletrônico, lidamos com a ideia do "self" em si, e sua produção em si, concentrando-nos nas características de todos os selves e em todos os exemplos de compartimentação de sua produção, e apenas *en passant* mencionamos suas diversidades (dos selves). Mas os "selves" vêm em muitas formas e cores, da mesma maneira que os ambientes, mecanismos e procedimentos de sua produção – e, de fato, do mesmo modo que a probabilidade de se emprender, desejar e finalizar sua produção por parte dos "autores" que supostamente iriam realizar essa tarefa. Nosso retrato das complexidades da autoprodução seria muito incompleto se não tentássemos restaurar em nosso relato um equilíbrio adequado entre uniformidade e diversidade no quadro geral – para que isso não escape à atenção dos eventuais leitores de nossa conversa e distorça a mensagem que deveria ser nossa intenção transmitir. Essa diversidade é basicamente gerada e sustentada pelas diferenças no volume de perturbações e no grau de turbulência a que diversas categorias da população tendem a ser expostas. Esse volume e esse grau variam consideravelmente ao passarmos de um setor da estrutura social para outro. Assim, permitam-me tentar uma sondagem, ainda que breve, desse lado até agora desprezado do fenômeno que tentamos dissecar e reconstruir em todos os aspectos.

Acredito que um excelente ponto de partida tenha sido oferecido por Joseph Stiglitz e Göran Therborn em suas notáveis, persuasivas e fundadoras contribuições ao debate público recentemente ressurgido e hoje em curso sobre a desigualdade social, seus impactos devastadores e a fragilidade das expectativas de cura ou mesmo de alívio. O quadro pintado por Stiglitz é mais bem transmitido por uma declaração concisa, do tipo holograma: "Temos lares vazios e pessoas sem teto."[2] Tal como uma tela complexa é decifrada centímetro por centímetro, o que chegamos a ver são "enormes necessidades não atendidas" confrontando-se com "amplos recursos subutilizados" – trabalhadores ociosos e máquinas ociosas, ambos deixados sem trabalho por mercados crônica e sistemicamente deficientes. Com o crescimento irreprimível da desigualdade, a justiça e o senso de imparcialidade[3] também são vítimas colaterais dessa inanidade.

Vítimas da desigualdade não são apenas aqueles situados na extremidade receptiva da discriminação econômica, educacional, de saúde e, de modo geral, *social*: como documentam numerosos estudos, ela afeta a qualidade de vida da sociedade como um todo. Mostram eles que o volume e a intensidade na maioria das patologias sociais estão correlacionados ao grau de desigualdade (tal como mensurado pelo coeficiente de Gini), e não ao padrão de vida médio avaliado pela renda per capita. Mas, claro, as pessoas aglomeradas nas regiões inferiores da hierarquia de riqueza e renda são atingidas de modo mais severo – e em todos os aspectos de sua qualidade de vida. Como diz Therborn: "A desigualdade sempre significa excluir algumas pessoas de alguma coisa. Ser pobre significa que você não tem recursos suficientes para participar (plenamente) da vida cotidiana do conjunto de seus concidadãos." Para os pobres, ainda mais que para aqueles imediatamente acima deles, "o espaço social para o desenvolvimento humano é limitado e restrito".[4]

Therborn considera a mais correta de todas a definição de Amartya Sen acerca da norma violada pelo estado de desigualdade: a norma da "igualdade da capacidade de funcionar plenamente como ser humano" – que significa a capacidade de exercer aquilo que determinada sociedade em determinada época considera um direito humano inalienável.[5] E ele acompanha Martha Nussbaum,[6] assinalando que os direitos que a desigualdade viola ou, para todos os fins e propósitos práticos, nega e suprime (ao lado da sobrevivência e da saúde) são "a liberdade e o conhecimento (educação) para escolher a trajetória de vida e os recursos para empreendê-la".[7] Obviamente, podemos acrescentar, assim, a essa lista de direitos violados ou negados *o direito à autoprodução, à autoafirmação e os recursos indispensáveis para concretizá-los.*

As fileiras de indivíduos (assim como suas categorias ou grupos) cujos direitos humanos assim entendidos têm sido na prática seriamente dilapidados ou mesmo expropriados estão se expandindo de forma contínua: o número dos que conseguem escapar ilesos aos efeitos dos tremores e turbulências do mercado tem encolhido regularmente. Ao estudo de caso dessas tendências interconectadas agora em operação, Stiglitz dedica um capítulo intitulado "America's 1% Problem" (expressão logo depois apropriada pelos "ocupantes de Wall Street"). Ele descobriu que o número de cidadãos que, apesar da crise do crédito, "conseguiram preservar uma enorme fatia da renda nacional" limitava-se a 1% da população americana.[8] Tal concentração de renda no próprio topo da pirâmide hierárquica econômica não era, contudo, uma novidade provocada pela recente catástrofe financeira: "Em 2007, um ano *antes* da crise, o 0,1% do topo das famílias americanas apresentava uma renda que era 220 vezes maior que a média dos 90% situados na base. A riqueza era ainda mais desigualmente distribuída que a renda, e o 1% mais rico possuía mais de um terço da riqueza da nação."

A desproporção provavelmente ainda está aumentando e ganhando mais ímpeto, já que, pouco antes do colapso dos bancos, entre 2002 e 2007, "o 1% do topo se apropriava de mais de 65% dos ganhos da renda nacional total", enquanto "a maioria dos americanos estava na verdade piorando de situação".[9] A remuneração média dos "diretores executivos" das grandes empresas ficou mais de duzentas vezes maior que a de um trabalhador comum.[10] E tudo isso são, observemos, *médias* estatísticas, deixando de expor plenamente os extremos das distâncias de uma pessoa para outra e sua expansão.

Um dos impactos mais destacados, e provavelmente o mais importante, do crescimento impetuoso e da transformação profunda nas dimensões da desigualdade é a diferenciação aguda em termos do grau de autonomia humana e de oportunidades realistas para a autodefinição e a autoafirmação – com efeito, das chances e capacidades de autoprodução atribuídas e disponíveis para indivíduos situados em diferentes níveis da hierarquia de riqueza e renda.

Sejamos claros sobre isso: a ideia de autoprodução foi uma invenção, um lema de campanha e uma prática das classes médias, desconfortavelmente posicionadas entre as classes superiores, que *de nada precisavam* para manter sua posição, garantida de nascença, e as classes inferiores, que *nada podiam fazer* para melhorar as restrições situacionais a elas impostas de nascença. As "classes médias" pertenciam ao único setor da sociedade (mas que estava crescendo e esperava, como continua a esperar, crescer ainda mais) ao qual o postulado da "meritocracia" (ou seja, recompensas sociais refletindo fielmente o valor do indivíduo) era dirigido e testado na prática.

Esperava-se amplamente que, graças à consolidação do modo democrático de coexistência humana, as "classes médias" continuassem a se expandir à custa dos dois extremos – superior e inferior – da pirâmide social; e que o postulado da meritocracia produzisse oportunidades iguais para quase toda a sociedade, pondo fim às divisões de classe e fornecendo um tranquilizante eficaz para os conflitos e antagonismos a ela relacionados. (Lembram-se da visão do "aburguesamento" contínuo da classe trabalhadora, elemento inflexível da racionalidade científica na década de 1960?) Agora, porém, as classes médias são notáveis sobretudo pelo encolhimento irrefreável de suas fileiras, juntamente com sua emblemática confiança nas promessas (agora nada mais que etéreas) do credo meritocrático e suas esperanças de uma guinada favorável do destino. As classes médias de hoje veem, infelizes e indefesas, a capacidade de autocriação e autoafirmação depreciada, e não enaltecida, degradando-as até a fixidez do destino antes reservada aos estratos inferiores da hierarquia social.

Guy Standing cunhou o termo "precariado" para denotar o novo dilema, assim como o modo de vida e a mentalidade que estão surgindo entre as categorias de pessoas classificadas, não muito tempo atrás, como membros das "classes médias".[11] Esse termo refere-se à endêmica precariedade (instabilidade, inconsistência, irregularidade e, em geral, vulnerabilidade) da existência: condição que muitas dezenas de anos atrás era considerada um fardo particular, definido pela classe, do "proletariado". Agora as classes médias, em hordas, são levadas e empurradas a provar o gosto amargo dessa condição sobre a qual Lyndon Johnson, quando lançou seu projeto da "Grande Sociedade", enfaticamente opinou: um homem a ela lançado não é nem pode ser livre. Aqui, "não ser livre" significa, em primeiro lugar e acima de tudo, estar privado da capacidade de autocriação, de escolher, moldar e controlar seu modo de vida. Agora todos nós, ou quase todos, somos "classe média" – mas não o tipo de classe média que o abade Sieyès tinha em mente quando, há quase dois séculos e meio, a chamou, estridente e orgulhosamente, de "terceiro estado", destinada a "ser tudo", convocada a se tornar tudo e capaz de atender com sucesso a esse chamado.

"As expectativas de uma boa educação para os filhos das famílias pobres e de renda média" são "muito mais sombrias que as dos filhos dos ricos". "A renda dos pais está se tornando cada vez mais importante, à medida que os custos das anuidades crescem muito mais depressa que os rendimentos." "Com as pessoas do meio e da base lutando para levar a vida, ... as famílias precisam fazer ajustes, entre eles, o menor investimento em seus filhos."[12] Em outras palavras, tal como no caso dos escravos hebreus no antigo Egito, aos quais mandaram continuar produzindo tantos tijolos quanto antes, embora sem a fibra que costumava ser fornecida pelos agentes do faraó, a prole das famílias de classes média e baixa é instruída a continuar como antes em sua autoprodução, embora agora sem as ferramentas que essa produção exige.

Assim, adeus aos sonhos da meritocracia. *Lasciate ogni speranza*, você que está entrando num mundo em que, pelo resumo de Stiglitz, "não estamos usando um de nossos recursos mais valiosos – nosso povo – da maneira mais produtiva possível",[13] em outras palavras, quando o volume desses que estão chegando for registrado como débito, não como crédito, desse mundo. E quando até metade dos recém-ingressados são forçados a aceitar empregos (no caso de serem sortudos o bastante para encontrar algum) muito distantes de suas ambições, talentos e habilidades, e que oferecem pouca ou nenhuma segurança, muito menos uma chance de autoafirmação. E quando se observa um número crescente dos mais velhos, que até então pareciam ter constituído selves respeitáveis e gratificantes, agora na casa dos cinquenta, ver negadas suas identidades obtidas com suor e laboriosamente compostas, ver sequestrada sua posição na sociedade, conquistada com dificuldade e profundamente apreciada, e relegados eles próprios às categorias de redundantes e de "dívidas sociais". E relembremos que Dante escolheu para ser gravada no portal do Inferno, como marca registrada, a inscrição *Lasciate ogni speranza, voi ch'entrate*.

Podemos aprender muito sobre os prováveis produtos dessa mudança profunda com os resultados das recentes eleições para o Parlamento Europeu. Acredita-se que essas eleições, ao contrário daquelas para os parlamentos nacionais, tenham muito menos impacto, se é que têm algum, nas condições sob as quais os eleitores esperam conduzir suas lutas existenciais num futuro previsível, que dirá distante. Em vez disso, servem aos eleitores como uma espécie de válvula de segurança: oportunidades de liberar o excesso de vapor capaz de causar uma explosão, descarregar ressentimentos venenosos e livrar-se por algum tempo de emoções potencialmente tóxicas – e tudo isso numa direção mais ou menos segura, já que inócua e sem consequências.

A marca mais evidente da última eleição para o Parlamento Europeu foi uma inédita proporção de eleitores usando plenamente essa oportunidade e indo às urnas com nenhum outro objetivo senão gritar "Ai!", "Bom Deus!" e "Ajudem-me!". Esses pleitos foram reconhecidamente privados de um destinatário específico definido em termos políticos hoje aceitos. Como resumiu Timothy Garton Ash num número recente do *Guardian*:

> Assim, o que os europeus estavam dizendo a seus líderes? A mensagem geral foi perfeitamente resumida pelo cartunista Chappatte, que desenhou um grupo de manifestantes segurando um cartaz que dizia "Infelizes" – e um deles gritando com um megafone numa urna eleitoral. Há 28 Estados-membros e 28 variedades de Infelizes. Alguns partidos de protesto bem-sucedidos são agora de extrema direita: na Hungria, por exemplo, o Jobbik obteve três assentos

e mais de 14% dos votos. A maioria, como o Ukip, vitorioso na Inglaterra, ganhou votos da direita e da esquerda, alimentando-se em sentimentos do tipo "Queremos nosso país de volta" e "Estrangeiros demais, empregos de menos". Mas na Grécia a maioria dos votos de protesto foi para o Syriza, de esquerda e antiausteridade.[14]

É por esse motivo que acredito que as lições dessas eleições sejam especialmente esclarecedoras para o tema de nossa conversa. Foi mesmo a infelicidade, ao que parece, que estimulou os cidadãos da Europa a votar (observe-se que, pela primeira vez na história da União Europeia, o número de votantes não diminuiu), mesmo que os pretensos/supostos responsáveis por sua infelicidade diferissem de um país para outro. Por tudo que podemos imaginar, poucas das pessoas que expressaram sua infelicidade e descarregaram sua raiva em público acreditavam que qualquer participante da lista de candidatos pudesse aliviar sua miséria, e que algum dos programas de profilaxia fosse eficaz. Ao contrário do caso das eleições nacionais, em que os eleitores devem ser cuidadosos para evitar os candidatos que veem como portadores de dilemas piores ainda que outros para seu futuro previsível, as eleições para o Parlamento Europeu, vistas pela maioria dos eleitores como uma instituição irrecuperavelmente impotente, ofereceram uma oportunidade de expressar a frustração em ampla escala de modo seguro e livre de riscos. O que motivou grande número de eleitores foi um ambiente de "fadiga de frustração", a ruína das esperanças de que (como Peter Drucker já havia advertido algumas décadas atrás) a salvação pudesse vir "de cima".

O protesto contra o rumo que as coisas estão tomando hoje, a mensagem mais clamorosa dessas eleições, não se dirigiu a nenhuma seção específica do espectro político existente, mas à política em sua forma atual, usurpada como é, ou se acredita amplamente ser, por elites que estão cada vez mais alheias e distantes dos problemas que, na maior parte do tempo, ocupam e absorvem uma parte substancial da energia das "pessoas comuns". Essa política como um todo é vista por muitos como próxima da falência – não mais capaz de garantir o fornecimento regular da fibra necessária para produzir os tijolos.

Neal Lawson, diretor da "Compass" (organização que se apresenta em sua página da web, www.compassonline.org.uk, como "construindo uma Grande Sociedade; uma sociedade mais igualitária, sustentável e democrática do que aquela em que vivemos agora") e uma das mentes mais perspicazes e inventivas da cena política britânica, interpreta os resultados das eleições europeias como um apelo ao direito dos cidadãos a uma "política de democracia cotidiana conduzida pela cidadania, não apenas um voto a cada cinco anos". Os resultados da eleição, sugere ele,

> tornam avassalador o clamor por uma nova política. O futuro não pode ser negado nem evitado. O mundo está mudando – ou nós o dobramos em nossa direção, para construir uma boa sociedade, ou seremos forçados a nos dobrar na direção dele. O caminho que será seguido depende de nossa capacidade de mudar e de nossa habilidade política – de nosso discernimento, sabedoria, perspicácia, boa-fé e perseverança. Agora, mais que nunca, não podemos dizer que não fomos avisados.[15]

A isso ele acrescenta palavras de estímulo: "Exatamente no momento em que a velha política está se desintegrando, surgem novas maneiras de ser e fazer que nos dão esperança."[16]

Se houve um denominador comum para a infelicidade manifestada por essas categorias de europeus totalmente diversas, este foi – ou pelo menos parecer ter sido – a expropriação prática, se não explícita, da política dos cidadãos aos quais ela devia servir e pelos quais ela devia ser feita. Mas, como Abraham Lincoln propôs e insistiu muito tempo atrás, nenhum homem é suficientemente bom para governar outro homem sem o consentimento deste. A autoprodução, a autocomposição e a autoafirmação não são apenas alguns dos direitos humanos inalienáveis, são também os tijolos da "democracia cotidiana conduzida pela cidadania" que Lawson tinha em mente.

Mauro Magatti e Chiara Giaccardi, dois professores da Università Cattolica del Sacro Cuore de Milão já brevemente mencionados, publicaram um estudo fundamental com o título desafiador de *Generativi di tutto il mondo unitevi!*. O subtítulo define a obra como "Manifesto de uma sociedade da liberdade". No centro das atenções dos autores estão (para expressá-las em seu próprio idioma) as chances e perspectivas da "ressubjetificação do trabalho", ou recondução dos trabalhadores ao status de sujeitos (ou de "autores", uniões pessoais de autores e atores) do qual foram expropriados no curso da história moderna. Foi para denominar o produto da reunificação dos papéis de atores e autores que Magatti e Giaccardi cunharam um novo conceito, o de *generativo*. A essência semântica desse conceito talvez seja mais bem transmitida em outras línguas como "indivíduo criativo".

Magatti e Giaccardi não sugerem atrasar o relógio da história nem exigem um recuo da moderna individualização que, além de apresentar novas ameaças ao self, abre, afinal, novos horizontes para a contribuição do indivíduo à riqueza material e espiritual do *Lebenswelt* humano. Agir generativamente, dizem eles, significa decidir o valor e torná-lo concreto. Esse valor é o enriquecimento do mundo que compartilhamos, não seu empobrecimento, como na utopia privatizada ao estilo do caçador. A lógica da "generatividade" se opõe à do consumismo. Não é guiada pelo desejo de "*in*corporação" (ou seja, apropriar-se de coisas e, no mesmo sentido, tirá-las de circulação, assim como de seu uso e aproveitamento compartilhados), mas pela intenção e prática da "*ex*corporação": "A generatividade é um modo de vida cujo propósito é ajudar outras pessoas em sua existência, no cuidado com suas vidas e no volume de seus recursos vitais."

A liberdade de autoafirmação do indivíduo, se combinada a uma personalidade generativa, é capaz de multiplicar a riqueza material e espiritual do mundo humano, e, com ela – e graças a ela –, também a significação e a qualidade moral da existência e da coexistência humanas. Tal combinação, se tivermos sucesso no esforço de colocá-la no lugar dos modos de autocriação e autoafirmação baseados, como o são, na rivalidade, e não na colaboração, tem uma chance de evitar a degradação da humanidade no jogo de soma zero. A liberdade de autodefinição do indivíduo, associada à prática da "excorporação", é uma garantia de riqueza e diversidade crescentes em termos do potencial humano, mas também de ampliação do espaço de autodefinição e autoconstituição de todos e cada um de nós. A solidariedade do destino e os empreendimentos derivados da generatividade e por ela sustentados não se colocam em oposição ao propósito da autoafirmação do indivíduo; muito pelo contrário, ela se tornaria o seu melhor – mais leal e confiável – aliado. Tal solidariedade é, com efeito, uma condição necessária e a melhor garantia de seu sucesso.

A solidariedade está sempre viva, ainda que seja com muita frequência restringida à quase invisibilidade pelos ambientes sociais modernos voltados – voluntariamente ou não – para des-capacitar as pessoas nas artes que ela exige. É uma possibilidade enraizada na socialidade geneticamente entalhada de nossa espécie humana. Concordo plenamente com Richard Sennett quando, seguindo Amartya Sen e Martha Nussbaum, assinala que "os seres humanos são capazes de fazer mais do que permitem as escolas, os locais de trabalho, as organizações civis e os regimes políticos. ... A capacidade de cooperação das pessoas é muito maior e mais complexa que as instituições lhes permitem ser cooperativas".[17]

· Posfácio – RR ·

Agora, no término de nossos debates, sinto-me de certo modo compelido a voltar ao início, ainda que apenas para verificar como minha visão dos problemas evoluiu em consequência deles. E isso é inegável. Razões de espaço não me permitem recapitular todos os tópicos que tangenciamos, de modo que só vou revisitar alguns, para mim mais significativos.

As questões em torno da individualidade sempre tiveram para mim uma especial importância por dois motivos. De um lado, venho de uma cultura bastante individualista e de um contexto histórico em que o direito a essa cultura foi rudemente suprimido durante minha juventude. É possível que seja esta a razão pela qual sempre pensei que a liberdade individual é uma precondição necessária a qualquer tipo de liberdade coletiva, e qualquer ideia de liberdade coletiva que o negue é na verdade o oposto do que pretende. A liberdade individual, por sua vez, implica que a pessoa em questão tenha o máximo controle sobre o conjunto específico de escolhas de vida que lhe esteja disponível. "Máximo" não significa "ilimitado", claro, mas com essa advertência o próprio princípio é algo que eu consideraria um direito básico universal de todo ser humano, mesmo que raramente seja realizado de maneira satisfatória. A forma como se determina a extensão desse controle sobre a própria vida é, assim, um modo muito bom de abordar o problema da individualidade.

Por outro lado, meus estudos de história cultural e filosofia comparada têm me mostrado que não existe em nós algo como uma estrutura definidora da individualidade determinada do ponto de vista genético. Todos nós nascemos com inclinações para nos tornarmos um tipo de pessoa ou outro, mas o contexto em que nossos potenciais iniciais geneticamente programados se realizam e se transformam em alguma outra coisa é sempre social e cultural. Os princípios estruturais, ou formas pelas quais a individualidade vem a se constituir, não são algo compartilhado por todos os ambientes culturais e históricos, e eles mudam com o tempo. O modo como estão mudando no presente foi, claro, uma de nossas preocupações centrais.

Mas, quando olhamos de perto, podemos sentir certa tensão, quando não uma contradição pura e simples, entre essas duas posições. Se não existe um mecanismo de geração da individualidade que seja uniforme, biologicamente determinado, do qual todos nós sejamos dotados de nascença, como podemos falar de um princípio universal de liberdade individual? Quem exatamente deve ter o máximo controle de suas opções existenciais? As respostas a essas perguntas – e as consequências delas resultantes – são muito diferentes, dependendo de estarmos falando de um sujeito cartesiano, não dividido, autoidêntico, baseado no *cogito*, ou, por exemplo, de um não self budista, uma relação temporária entre elementos produtores da consciência que se uniram numa aliança instável e movediça. No entanto, penso eu, conseguimos encontrar uma base comum em que esses extremos, assim como muitas posições diferentes, podem ser debatidos ao mesmo tempo: a ideia de individualidade como um *processo* contínuo, algo que fazemos, e não que somos.

Desse ponto de vista, a questão de como surge o self adquire implicações adicionais. Um processo é necessariamente aberto e não acontece por si mesmo, apenas em seus próprios termos. Nesse sentido, deveríamos buscar a individualidade não apenas nos limites do corpo humano biológico, mas, como Andy Clark sugeriu,[1] incluir também o que ele tem à sua disposição no ambiente imediato, seus "dispositivos periféricos", por assim dizer. Parte de minha memória é o que armazenei em meu cérebro. Mas outra parte dela se estende ao que escrevi em meus cadernos de anotações e arquivos, ou à margem dos livros que li e que estão em minha biblioteca, e, claro, nas fotos tiradas de mim ou por mim e guardadas nos meus álbuns – da mesma forma que meus óculos e minha dentadura são partes de mim em meu processo de interação com o mundo físico.

Eu ainda iria adiante: existe uma experiência comum de lembrar certas coisas em certos lugares nas trajetórias permanentes de uma pessoa, certas interseções de ruas da cidade ou perto de determinada árvore na floresta onde ocorreu uma discussão acalorada, ou a solução de um problema difícil tomou forma pela primeira vez. Nesse sentido, os processos de nossa individualidade são até parcialmente espalhados por nosso ambiente físico. Por outro lado, tomados como um processo vivido, nossos selves são sempre remodelados em nossa interação com nossos entes queridos: quando falamos e fazemos (ou não) coisas que não correspondem *exatamente* aos desejos e aversões de nossa consciência naquele exato momento, podemos dizer que temos uma tensão interna entre nossos impulsos e nosso comportamento, mas é importante observar que essa tensão é *interna*, parte do processo do self, e não uma oposição entre a coisa interna e a domada aparência externa – ou o domador que a produziu. Em todo caso, os limites de um self são muito mais vagos que a visão recebida da filosofia ocidental nos poderia fazer acreditar.

E isso é algo que, em nossos tempos, é constantemente confirmado por nossa prática social e cultural, motivo pelo qual grande parte deste livro também se preocupou com a questão de o que a tecnologia pode fazer, e faz, à condição humana, agora que não podemos mais considerá-la um fenômeno que existe em separado, mas como algo que se estabeleceu definitivamente no território de nossa individualidade. Mais, porém, que qualquer de nossos "periféricos" tradicionais, a tecnologia da informação contemporânea, em particular, pode afetar nossas relações com a ordem social e os poderes por trás dela. Lembro-me muito bem de como, apenas algumas décadas atrás, a internet foi celebrada como a ferramenta final para difundir a democracia e ajudar as pessoas a se emanciparem de suas condições insatisfatórias, e em ampla medida ela contribuiu para esses processos. As redes sociais, como canais não controlados de difusão da informação, têm desempenhado papel importante em recentes revoluções e lutas pelo poder, na maioria das vezes em favor dos oprimidos. Regimes totalitários e tradicionalistas estão investindo muito na criação de grandes firewalls, mas, por sorte, estes ainda podem ser penetrados, e o silêncio completo do rádio se tornou algo impossível de manter. No Ocidente, empreendimentos caros e arriscados de publicação de ideias independentes tornam-se muito menos caros e arriscados quando isso é feito on-line. Pessoas cujos ambientes imediatos lhes podem ser hostis por algum motivo são agora capazes de se conectar e interagir. Nessa linha, ninguém precisa mais temer a solidão existencial.

Tudo isso tem acontecido, e muito mais. Mas não apenas. Tal como qualquer outra tecnologia na história, a TI cumpre os objetivos daqueles que a utilizam, e estes nunca foram inequívocos. Quanto mais poderosa for uma tecnologia, mais poderá ser usada para controlar e dominar. Reexaminando nossas discussões a partir dessa perspectiva, vejo que nos alternamos entre duas posições aqui, ou seja, somos culpados de algo de que Bruno Latour acusa o pensamento moderno: afirmar duas visões simultaneamente incompatíveis e escolher o argumento que pareça melhor num dado momento.[2] Ao debater fenômenos da situação contemporânea dos quais não gostamos, um de nós pôs a culpa na tecnologia, ou no sistema, e o outro o contradisse, afirmando que não se deve culpar o instrumento ou a instituição, mas as pessoas que os empregam para seus próprios e egocêntricos fins. E, no entanto, nós dois recorreríamos depois a argumento semelhante ao do outro, de uma perspectiva diferente, algumas páginas adiante.

Creio que essa questão precisa ser esclarecida, não menos porque se relaciona diretamente aos problemas centrais da individualidade: quanto controle tem cada um de nós sobre o processo – e, na mesma linha, qual é o tamanho de nossa responsabilidade individual por seus resultados, em particular os efeitos de nossas ações sobre as vidas de outras pessoas? Como podemos reivindicar a glória por nossas realizações se culpamos as circunstâncias quando alguma coisa dá errado? Pensamos o que pensamos ou o que fomos instruídos a pensar? Finalmente, algo que considero a questão básica da filosofia radical: como é possível acreditar que outras pessoas teriam feito escolhas de vida diferentes (mais corretas, de nosso ponto de vista) se fossem livres dessas influências particulares que as moldaram? Como podemos dizer que *nossas* ideias sobre a vida são melhores que as delas?

Não acho que alguém seja um dia capaz de resolver essas questões de maneira definitiva, de modo que tudo que posso fazer é oferecer uma perspectiva particular. Antes de tudo, consideremos o processo da aculturação. Muito claramente, a maior parte do que sabemos não foi inventada por nós mesmos, mas aprendida, de modo que ter ideias criadas por outros não é necessariamente algo ruim em si. Por outro lado, muito daquilo que nossos pais e professores nos transmitem com amor e a melhor das intenções mais tarde se mostra inválido para nós, se não perigoso, pelo menos de nossa perspectiva daquele momento posterior. Isso também é natural e significa que o mundo está vivo e em mudança. Coisas que aprendemos quando jovens podem muito bem perder o que chamo de "adequação cognitiva", ou a capacidade de nos fornecer respostas satisfatórias e aceitáveis (embora não necessariamente corretas) a perguntas sobre nosso mundo da vida.

Além disso, todas as culturas, sem exceção, têm valores que podem ser usados para justificar e gerar o mal, e isso nem sempre passa despercebido às pessoas, em particular se o mal se dirige contra seus interesses (ou o que elas consideram como tal). Talvez não nasçamos com os proverbiais "filtros de besteiras" que nos ajudam a distinguir a informação que funciona para nós da que não funciona, mas as inevitáveis contradições entre nosso mundo da vida e as opiniões que recebemos sobre ele forçam-nos a desenvolvê-los, mais cedo ou mais tarde. Assim, em certos momentos, é normal que o conhecimento que adquirimos no processo de maturação nos pareça inadequado, mesmo que nem sempre seja, em si mesmo, maligno. Entretanto uma parte dele o é, e aqueles que querem nos seduzir ou doutrinar decerto desejam ultrapassar qualquer barreira que desejemos erguer para nos proteger, e fazer-nos crer que são nossos próprios pensamentos ou, na melhor das hipóteses, os reflexos da realidade objetiva que eles estão mediando para nós, e não ideias que se supõe trabalhar para eles em nosso interior. Dada a extensão de seu esforço, eu diria que é inevitável que tenham certo grau de sucesso.

Por exemplo, parece que os partidos políticos que defendem abertamente os interesses dos ricos em muitos países recebem grande quantidade de votos dos pobres – porque, em primeiro lugar, os pobres internalizaram a visão de que a divisão da sociedade em ricos e pobres é inevitável; depois, porque desejam eles próprios ficar ricos também, e começam a se comportar politicamente como membros de um grupo ao qual gostariam de pertencer.

Mas, reformulando nossa pergunta original: quem são "eles"? Para chegar a uma resposta, acho que devemos observar o ritmo de desenvolvimento de instituições e organizações. Uma nova firma, por exemplo, pode começar como uma *startup* com uma cultura organizacional bastante democrática, algo que Tom Burns e G.M. Stalker classicamente chamaram de sistema "orgânico",[3] que também é bom para o desenvolvimento de ideias e práticas inovadoras. Ninguém definiu estritamente as responsabilidades e ninguém jamais iria recusar uma tarefa por não constar da descrição de suas funções. Por outro lado, ninguém tampouco está autorizado a atribuir aos outros tarefas que eles não considerem relevantes. Em determinado momento, porém, muitas vezes essas organizações se tornam grandes demais para serem administradas dessa forma, e, de novo usando termos de Burns e Stalker, um sistema "mecanicista" de procedimentos rotinizados com responsabilidades estritamente definidas toma o lugar da autorregulação ligeiramente caótica. Isso em geral ocorre quando há um número de pessoas muito grande para que todos se conheçam – em outras palavras, quando se atinge certo grau de alienação.

A chegada desse momento é apenas lógica, é estruturalmente inserida na matriz de crescimento – afinal, é normal para nós nos relacionarmos de forma diferente com as pessoas com quem vivemos e trabalhamos lado a lado e com aquelas às quais somos ligados apenas por laços institucionais transitórios. Entretanto, ao que me parece, esse é também o momento em que nascem os "interesses da organização", distintos da soma total dos interesses de seus membros. A instituição, não mais o fruto da conexão entre pessoas, mas o agente que as conecta, adquire uma lógica própria de vida e objetivos próprios. Estes são ao mesmo tempo a extensão dos interesses de seus membros e também dos fatores que os suprimem – embora o equilíbrio entre ambos seja diferente no topo e na base. Com o tempo, os interesses da instituição – seja ela uma grande empresa ou um país – tendem a se cristalizar em torno de um núcleo, o que torna difícil para os líderes posteriores mudar totalmente de direção, e tentador para qualquer um que tenha alcançado essa posição relaxar e aproveitar. As organizações não são diferentes da tecnologia no que tange à capacidade de se adaptar para uso pessoal e exigir que as pessoas se adaptem – não apenas seus integrantes, mas quase qualquer um que venha a ter contato com elas. E, tal como qualquer outro organismo vivo, uma organização quer sobreviver e florescer, o que, por sua vez, exige atenção aos ganhos materiais. Uma vez que estes comecem a determinar o curso de ação, não existe retorno.

Defini antes o que se poderia chamar de "o sistema", na tradição da Escola de Frankfurt, como o amálgama não coordenado de negócios, política de carreira e infoentretenimento, com valores baseados no mínimo denominador comum, ou o dinheiro e os prazeres do consumo que ele contém em potencial. De maneira foucaultiana, poderíamos dizer que "o sistema" não pode ser encontrado em parte alguma, mas se manifesta como um comportamento "natural" esperado de certas posições sociais, assim como nos discursos de eficiência e desempenho econômico como formas universais de mensurar o valor das coisas. Da perspectiva atual, "o sistema" é o próximo passo, a organização das organizações e, assim, duplamente, o produto da alienação. A igualdade é uma de suas condições necessárias não apenas porque ele precisa concentrar recursos materiais nas mãos de poucos, mas também porque necessita da pobreza como estado mental, dos pobres que desejam ser ricos, se casar com a princesa e receber a metade do reino. "O sistema", diga-se só por precaução, não deve ser confundido com a esfera pública, que, ao contrário de seu número oposto, procura o máximo divisor comum para sustentar a interação humana: um espaço em que seria possível para todo indivíduo continuar a ser ele mesmo, e não apenas à custa dos outros.

"O sistema", tal como aqui definido, tem um forte interesse em participar da produção de selves, e tem grande quantidade de recursos a sua disposição para essa finalidade. Eu ainda me sinto inclinado a pensar, porém, que a tecnologia sempre foi só um desses recursos, e não um perigo em si. Inúmeras perdas de vidas e de tesouros têm ocorrido ao longo da história em função do fogo, e no entanto o domínio do fogo foi uma condição necessária para que a espécie humana evoluísse até o ponto em que hoje se encontra. Toda tecnologia poderosa deve ser usada com muito cuidado. Isso deveria ser parte de nossa competência sociocultural, e seu desenvolvimento, uma responsabilidade pública. Apesar disso, quando falamos dos "interesses do sistema", estes ainda provêm dos interesses humanos, a despeito de toda alienação (a qual é originalmente, ela própria, uma parte do arsenal humano de autodefesa, um subproduto da necessidade de ser ignorado).

Ferramentas feitas pelo homem, ao menos até o hipotético advento da singularidade tecnológica, não têm esses interesses próprios independentes. Entretanto, isso não as torna menos perigosas se usadas para lhe causar malefícios. E se essas ferramentas forem usadas para criar condições em que você faça mal a si mesmo? É aí que a questão começa a ficar complicada. Um dos pais do liberalismo, Ludwig von Mises, afirmou de maneira admirável em 1927 que todas as drogas pesadas, incluindo a cocaína e a morfina, deveriam se tornar comercialmente disponíveis a despeito de sua natureza prejudicial, pois o Estado, ou a maioria dos cidadãos, não deveria ter, por princípio, o direito de impor qualquer restrição àquilo que o indivíduo pode ou deve consumir.[4] Hoje, acredito que nem os liberais mais autênticos na política defenderiam essa posição. Ainda assim, eu me posicionaria ao lado dos liberais com respeito à questão atual no sentido de que a consciência pública decerto é uma ferramenta mais eficiente para ajudar as pessoas necessitadas de orientação a se manter longe dos perigos que elas, considerando-se todos os aspectos, gostariam de evitar por si mesmas.

Mas não podemos impor o mundo que preferimos aos aventureiros que desejam emigrar para o planeta on-line de Norrath por espontânea vontade, e que consideram essa a melhor opção de vida à disposição – pelo menos não até que eles declarem guerra ao nosso planeta de uma forma ou de outra. O espectro deploravelmente acanhado de escolhas de vida disponíveis para muitos deles é um problema diferente, e de fato muito grave.

Assim, onde é que tudo isso nos deixa, em relação à pergunta inicial? Nunca foi fácil ser humano, nem deveria ser, e cada época tem seus próprios e novos desafios. Sempre foi assim, e, no conjunto, nossa época atual – com suas ferramentas para concretizar o potencial criativo humano, combinadas com uma mobilidade social até então inédita –, é bastante preferível à maioria dos outros espaços-tempos, em que até discussões como esta nem sequer seriam imagináveis. Eu também diria que os desafios de nosso mundo atual é que nos capacitaram para formular as questões básicas sobre a individualidade de modo mais acurado e preciso do que era possível antes. É desnecessário dizer que essas questões nunca terão uma resposta final, inalterável, e é assim que deve ser.

Talvez seja adequado finalizar com dois momentos de sabedoria provenientes de dois polos opostos do mundo. Primeiro, uma história sobre o mestre chinês Ruiyan, da dinastia Tang (618-907), de *Checkpoint without Gates*. Toda manhã, segundo se diz, Ruiyan acordava e dizia a si mesmo: "Mestre!" E depois respondia ele próprio: "Sim, senhor." E então dizia: "Recomponha-se!" "Sim, senhor." "E não deixe que outras pessoas voltem a enganá-lo!" "Sim, senhor, sim, senhor!"

E finalmente as palavras do Arquipoeta de Colônia (1130?-1165?), que, nove séculos atrás, tão lindamente captou um sentimento que muitos de nós hoje conhecemos muito bem:

Cum sit enim proprium
viro sapienti
supra petram ponere
sedem fundamenti
stultus ego comparor
fluvio labenti
sub eodem aere
nunquam permanenti.

(Embora fosse mais adequado/ para um sábio/ colocar seu assento/ ao pé de uma rocha,/ eu, estúpido que sou,/ deveria ser comparado/ ao fluxo de um rio,/ jamais o mesmo/ sob um céu imutável.)

· Notas ·

Prefácio (*p.7-11*)

1. I. Prigogine, *Is Future Given?*, p.64.
2. I. Prigogine, *The End of Certainty*, p.4.
3. Ibid., p.6.
4. Ibid., p.7.
5. I. Prigogine, *Is Future Given?*, p.39.
6. I. Prigogine, *The End of Certainty*, p.11.
7. Ibid., p.186.
8. Borges, *Selected Non-Fictions*, p.332.

1. Para começar (*p.13-32*)

1. B. Pascal, *Pensées*,1966, p.48.
2. S. Weil, *Gravity and Grace*, p.55.
3. K. Warnick, *I, Cyborg*.
4. M. Bieber, "On-line exclusive: Interview with Todd May".
5. N. Collins, "Hawking".
6. Ver E. Leach, "Anthropological aspects of language" e *Rethinking Anthropology*.
7. Z. Bauman, *Modernity and Ambivalence*, p.1-3.

2. Selves na linguagem (*p.33-54*)

1. D. Sperber e D. Wilson, "The mapping between the mental and the public lexicon".

2. Y. Lotman, *Izbrannye Stat'i*, p.99.
3. R. Descartes, *The Philosophical Writings of Descartes*, p.13.
4. M. Wertheim, "Physics's Pangolin".
5. P. Kay e W. Kempton, "What is the Sapir-Whorf hypothesis?".
6. Ver E. Leach, "Anthropological aspects of language: Animal categories and verbal abuse" e "Language and anthropology".
7. H.G. Gadamer, *Truth and Method*, p.305.
8. C.M. Blow, "Accommodating divisiveness".
9. R. Barthes, *The Fashion System*.
10. R. Sennett, *The Foreigner*, p.61.
11. F. Pessoa, *The Book of Disquiet*, p.14.
12. Ibid., p.11.
13. Ibid., p.8.
14. Ibid., p.9.
15. Ibid., p.19.

3. Selves em atuação (*p.55-77*)

1. E. Goffman, *The Presentation of Self in Everyday Life*.
2. J.C. Alexander, "Cultural pragmatics".
3. Levinas in Bauman, *Postmodern Ethics*.
4. G. Simmel, *The Sociology of Georg Simmel*, p.143-53.
5. G.H. Mead, *Mind, Self & Society*.
6. Para outras discussões, ver Bauman, *Modernity and Ambivalence*, p.145-85.
7. F. Schleiermacher, *Hermeneutics and Criticism*, p.13.
8. G. Simmel, op.cit., p.30.
9. D.F. Wallace, *A Supposedly Fun Thing I'll Never Do Again*, p.26.
10. J.C. Kaufmann, *Love Online*, p.7.
11. J. Derrida, *Of Grammatology*, p.8-9.
12. B. Pascal, *Pensées*, 2003, p.68.
13. S. Žižek, *The Sublime Object of Ideology*, p.39.
14. J. Brodsky, *On Grief and Reason*, p.107-8.
15. P. Stromberg, "Elvis alive? The ideology of American consumerism", p.17.
16. Ibid., p.18.
17. G. Carlin, *Napalm & Silly Putty*, p.53.
18. P. Bourdieu, *The Field of Cultural Production*, p.76-7.
19. Z. Bauman, *Liquid Life*, p.49-50, grifos no original.

4. Autorrealização (*p.78-96*)

1. E. Bernstein, *The Preconditions of Socialism*, p.190.
2. D. Plath, *Long Engagements*, p.89.
3. M. Strathern, "Foreword: The mirror of technology", p.ix.
4. Z. Bauman, *Freedom*, p.74.
5. M. Crozier, *The Bureaucratic Phenomenon*.
6. D. Cohen, *Nos temps modernes*, p.91.

7. G. Standing, *The Precariat*.
8. L. Boltanski e E. Chiapello, *The New Spirit of Capitalism*, p.89.
9. C.M. Blow, "Minimum wage, maximum outrage".
10. F.V. Vught, "The EU innovation agenda", p.25.
11. Ibid., p.23.
12. J.M. Coetzee, *Diary of a Bad Year*, p.79.
13. Ibid., p.81.
14. Ibid., p.109.
15. V. Voinovich, *Moscow 2042*.
16. S. Lukes, *Power*, p.23-5.
17. H. Marcuse, *One-Dimensional Man*, p.107-14.
18. S. Lukes, op.cit., p.115.
19. Voltaire, *Candide and Other Stories*, p.165-7.
20. Ibid., p.167-8.
21. E. Brynjolfsson e A. McAfee, *The Second Machine Age*, p.10-1.

5. Selves conectados (*p.97-126*)

1. É. Durkheim, *The Elementary Forms of Religious Life*, p.420-1.
2. Ibid., p.427.
3. J. Franzen, "Technology provides an alternative to love".
4. S. Weil, *Oppression and Liberty*, p.85-6.
5. A. Finkielkraut, in *Le Monde*.
6. E. Castronova, *Synthetic Worlds*, p.19.
7. Ibid., p.59.
8. R. Orange, "Norway killer Breivik".
9. A. Stickney, "World of Warcraft up to 7.8 million subscribers".
10. S. Weil, op.cit., p.85.
11. S. Gordon, "Beware the 'Blackberry Thumb'".
12. M. Foucault, in *Power/Knowledge*, p.119.
13. T. Piketty, *Capital in the Twenty-First Century*, p.1.
14. Ibid., p.26.
15. Ibid., p.24.
16. Ibid., p.20.

6. A composição dos selves (*p.127-50*)

1. Z. Bauman, *The Art of Life*.
2. E. Bloch, *The Principle of Hope*, p.4.
3. S. Freud, in *Civilization, Society and Religion*, p.264-5, grifos nossos.
4. C. Helman, "The world's happiest (and saddest) countries, 2013" .
5. E. Panofsky, *Perspective as Symbolic Form*.
6. N. Goodman, *Languages of Art*.
7. J. Rifkin, *The Zero Marginal Cost Society*.
8. Ibid., p.16.

9. Ibid., p.18.
10. Ibid., p.43.
11. Ibid., p.23.
12. D. Levine, *Pathology of the Capitalist Spirit*, p.92.

Posfácio – ZB (*p.151-61*)

1. G. Nicolis e I. Prigogine, *Exploring Complexity*.
2. J.E. Stiglitz, *The Price of Inequality*, p.xli.
3. Ibid., p.xlvii.
4. G. Therborn, *The Killing Fields of Inequality*, p.21-2.
5. A. Sen, *Inequality Reexamined*.
6. M. Nussbaum, *Creating Capabilities*.
7. G. Therborn, op.cit., p.41.
8. J.E. Stiglitz, op.cit., p.2.
9. Ibid., p.2-3.
10. Ibid., p.26.
11. G. Standing, *The Precariat*.
12. J.E. Stiglitz, op.cit., p.118-9.
13. Ibid., p.117.
14. T.G. Ash, "Europe: The continent for every type of unhappy".
15. N. Lawson, "Post-election statement: Leaving the 20th Century".
16. Idem.
17. R. Sennett, *Together*, p.19.

Posfácio – RR (*p.162-71*)

1. A. Clark, *Being There*, p.213-4.
2. B. Latour, *We Have Never Been Modern*, p.35-7.
3. T. Burns e G.M. Stalker, *The Management of Innovation*.
4. L.V. Mises, *Liberalism*, p.31.

· Referências bibliográficas ·

Alexander, Jeffrey C. "Cultural pragmatics: social performance between ritual and strategy". In Jeffrey C. Alexander, Bernhard Giesen e Jason L. Mast (orgs.). *Social Performance: Symbolic Action, Cultural Pragmatics, and Ritual.* Cambridge, Cambridge Cultural Social Studies, Cambridge University Press, 2006.

Ash, Timothy Garton. "Europe: The continent for every type of unhappy". *The Guardian*, 26 mai 2014.

Barthes, Roland. *The Fashion System.* Berkeley, University of California Press, 1990. (Ed. bras.: *Sistema da moda.* São Paulo, WMF Martins Fontes, 2009.)

Bauman, Zygmunt. *Freedom.* Milton Keynes, Open University Press, 1988.

_____. *Modernity and Ambivalence.* Cambridge, Polity, 1991. (Ed. bras.: *Modernidade e ambivalência.* Rio de Janeiro, Zahar, 1999.)

_____. *Postmodern Ethics.* Oxford, Wiley-Blackwell, 2000.

_____. *Liquid Life.* Cambridge, Polity, 2005. (Ed. bras.: *Vida líquida.* Rio de Janeiro, Zahar, 2007.)

_____. *The Art of Life.* Cambridge, Polity, 2008. (Ed. bras.: *A arte da vida.* Rio de Janeiro, Zahar, 2009.)

Bernstein, Eduard. *The Preconditions of Socialism.* Cambridge, Cambridge University Press, 1993.

Bieber, Matt. "On-line exclusive: Interview with Todd May". *Believer*, v.11, n.4, 2013.

Bloch, Ernst. *The Principle of Hope.* Cambridge, Mass., MIT Press, 1995. (Ed. bras.: *O princípio da esperança.* Rio de Janeiro, Contraponto, 2006.)

Blow, Charles M. "Accommodating divisiveness". *The New York Times*, 22 fev 2014a.

_____. "Minimum wage, maximum outrage". *The New York Times*, 16 abr 2014b.

Boltanski, Luc e Eve Chiapello. *The New Spirit of Capitalism.* Londres, Verso, 2007. (Ed. bras.: *O novo espírito do capitalismo.* São Paulo, WMF Martins Fontes, 2009.)

Borges, Jorge Luis. *Selected Non-Fictions*. Nova York/Londres, Viking, 1999.

Bourdieu, Pierre. *The Field of Cultural Production: Essays on Art and Literature*. Cambridge, Polity, 1993.

_____. *Distinction: A Social Critique of the Judgment of Taste*. Cambridge, Mass., Harvard University Press, 2007. (Ed. bras.: *A distinção: Crítica social do julgamento*. Porto Alegre, Zouk, 2016.)

Brodsky, Joseph. *On Grief and Reason*. Nova York, Farrar, Straus & Giroux, 1995.

Brynjolfsson, Erik e Andrew McAfee. *The Second Machine Age: Work, Progress, and Prosperity in a Time of Brilliant Technologies*. Nova York, W.W. Norton & Co, 2014.

Burns, Tom e G.M. Stalker. *The Management of Innovation*. Oxford, Oxford University Press, 1994.

Carlin, George. *Napalm & Silly Putty*. Nova York, Hyperion, 2001.

Castronova, Edward. *Synthetic Worlds: The Business and Culture of On-line Games*. Chicago, University of Chicago Press, 2005.

Clark, Andy. *Being There: Putting Brain, Body, and World Together Again*. Cambridge, Mass., MIT Press, 1997.

Coetzee, J.M. *Diary of a Bad Year*. Londres, Vintage, 2008. (Ed. bras.: *Diário de um ano ruim*. São Paulo, Companhia das Letras, 2008.)

Cohen, Daniel. *Nos temps modernes*. Paris, Éditions Flammarion, 1999.

Collins, Nick. "Hawking: 'In the future brains could be separated from the body'". *Telegraph*, 20 set 2013.

Crozier, Michel. *The Bureaucratic Phenomenon*. Londres, Tavistock Press, 1964.

Derrida, Jacques. *Of Grammatology*. Baltimore/Londres, Johns Hopkins University Press, 1997. (Ed. bras.: *Gramatologia*. São Paulo, Perspectiva, 2013.)

Descartes, René. *The Philosophical Writings of Descartes*, v.III: *The Correspondence*. Cambridge, Cambridge University Press, 1991.

Durkheim, Émile. *The Elementary Forms of Religious Life*. Nova York/Londres, Free Press, 1995. (Ed. bras.: *As formas elementares da vida religiosa*. São Paulo, Martins Fontes, 2003.)

Ehrenburg, Ilya. *The Stormy Life of Lasik Roitschwantz*. Nova York, Polyglot Library, 1960.

Foucault, Michel, in Colin Gordon (org.). *Power/Knowledge: Selected Interviews and Other Writings 1972-1977*. Nova York, Pantheon Books, 1980.

Franzen, Jonathan. "Technology provides an alternative to love". *The New York Times*, 28 mai 2011.

Freud, Sigmund, in Albert Dickson (org.). *Civilization, Society, and Religion: Group Psychology, Civilization and Its Discontents and Other Works*. Harmondsworth, Penguin, 1991.

Gadamer, Hans-Georg. *Truth and Method*. Londres/Nova York, Continuum, 2004. (Ed. bras.: *Verdade e método*. Petrópolis, Vozes, 2008.)

Goffman, Erving. *The Presentation of Self in Everyday Life*. Nova York, Anchor Books, 1990. (Ed. bras.: *A representação do eu na vida cotidiana*. Petrópolis, Vozes, 2006.)

Goodman, Nelson. *Languages and Art: An Approach to a Theory of Symbols*. Indianápolis, Bobbs-Merrill, 1968.

Gordon, Serena. "Beware the 'Blackberry Thumb'". *The Washington Post*, 15 jun 2008.

Helman, Christopher. "The world's happiest (and saddest) countries, 2013". *Forbes*, out 2013.

Kaufmann, Jean-Claude. *Love On-line*. Cambridge, Polity, 2012.

Kay, Paul e Willet Kempton. "What is the Sapir-Whorf hypothesis?". *American Anthropologist*, n.86, 1984, p.65-79.

Latour, Bruno. *We Have Never Been Modern*. Cambridge, Mass., Harvard University Press, 1993. (Ed. bras.: *Jamais fomos modernos*. São Paulo, 34, 2009.)

Lawson, Neal. "Post-election statement: Leaving the 20th Century". *Compass*, mai 2014.

Le Monde. "Alain Finkielkraut s'emporte contre la 'malédiction' d'Internet'". 10 abr 2014.

Leach, Edmond. 1964. "Anthropological aspects of language: Animal categories and verbal abuse". In Eric H. Lenneberg (org.). *New Directions in the Study of Language*. Chicago, University of Chicago Press, 1964.

_____. *Rethinking Anthropology*. Londres, Athlon Press, 1966.

_____. "Language and anthropology". In Noel Minnis (org.). *Linguistics at Large*. Londres, Gollancz, 1971.

Levine, David P. *Pathology of the Capitalist Spirit: An Essay on Greed, Hope, and Loss*. Nova York, Palgrave Macmillan, 2013.

Lotman, Yuri M. *Izbrannye Stat'i*, v.I. Tallin, Aleksandra, 1992.

Lukes, Steven. *Power: A Radical View*, 2ª ed. Basingstoke, NY, Palgrave Macmillan, 2005.

Magatti, Mauro e Chiara Giaccardi. 2014. *Generativi di tutto il mondo, univeti! Manifesto per la società dei liberi*. Milão, Feltrinelli, 2014.

Marcuse, Herbert. *One-Dimensional Man: Studies in the Ideology of Advanced Industrial Society*. Boston, Beacon Press, 1991. (Ed. bras.: *O homem unidimensional: estudos da ideologia da sociedade industrial*. São Paulo, Edipro, 2015.)

May, Todd. *Death*. Stocksfield, Acumen, 2009.

Mead, George Herbert. *Mind, Self & Society*, 18ª ed. Chicago, University of Chicago Press, 1972.

Mises, Ludwig von. *Liberalism: The Classical Tradition*. Indianápolis, Liberty Fund, 2005.

Nicolis, Grégoire e Ilya Prigogine. *Exploring Complexity: An Introduction*. Nova York, W.H. Freeman & Co., 1989.

Nussbaum, Martha. *Creating Capabilities: The Human Development Approach*. Cambridge, Mass., Belknap Press, 2011.

Orange, Richard. "Norway killer Breivik: A product of the Internet?". *Global Post*, 19 abr 2012.

Panofsky, Erwin. *Perspective as Symbolic Form*. Nova York, Zone Books, 1991.

Pascal, Blaise. *Pensées*. Londres, Penguin Books, 1996; Nova York, Courier Dover Publications, 2003.

Pessoa, Fernando [Bernardo Soares], in Maria José de Lancastre (org.). *The Book of Disquiet*. Londres, Serpent's Tail, 1991. (Ed. bras.: *Livro do desassossego*. São Paulo, Companhia das Letras, 1999.)

Piketty, Thomas. *Capital in the Twenty-First Century*. Cambridge, Mass., Belknap Press, 2014. (Ed. bras.: *O capital no século XXI*. Rio de Janeiro, Intrínseca, 2014.)

Plath, David W. *Long Engagements: Maturity in Modern Japan*. Palo Alto, Ca., Stanford University Press, 1980.

Prigogine, Ilya. *The End of Certainty: Time, Chaos, and the New Laws of Nature.* Nova York, The Free Press, 1997.

_____. *Is Future Given?.* Trenton, NJ/Londres, World Scientific, 2003.

Rifkin, Jeremy. *The Zero Marginal Cost Society.* Nova York, Palgrave Macmillan, 2014.

Schleiermacher, Friedrich. *Hermeneutics and Criticism.* Cambridge, Cambridge University Press, 1998.

Sen, Amartya. *Inequality Reexamined.* Cambridge, Mass., Harvard University Press, 1992.

Sennett, Richard. *The Foreigner: Two Essays on Exile.* Londres, Notting Hill Editions, 2011.

_____. *Together: The Rituals, Pleasures and Politics of Co-Operation.* Londres, Penguin, 2013. (Ed. bras.: *Juntos: os rituais, os prazeres e a política da cooperação.* Rio de Janeiro, Record, 2012.)

Simmel, Georg. *The Sociology of Georg Simmel.* Nova York, Free Press, 1950.

Sperber, Dan e Deirdre Wilson. "The mapping between the mental and the public lexicon". In Peter Carruthers e Jill Boucher (orgs.). *Language and Thought: Interdisciplinary Themes.* Cambridge, Cambridge University Press, 1998.

Spivak, Gayatri C. "Can the subaltern speak?". In *Marxism and the Interpretation of Culture.* Urbana, University of Illinois Press, 1988.

Standing, Guy. *The Precariat: The New Dangerous Class.* Londres, Bloomsbury Academy, 2011. (Ed. bras.: *O precariado: a nova classe perigosa.* Belo Horizonte, Autêntica, 2013.)

Stickney, Anne. "World of Warcraft up to 7.8 million subscribers". *WoW Insider,* 2014.

Stiglitz, Joseph E. *The Price of Inequality.* Nova York, W.W. Norton & Co., 2013.

Strathern, Marilyn. "Foreword: The mirror of technolgy". In Roger Silverstone e Eric Hirsch (orgs.). *Consumming Technologies: Media and Information in Domestic Spaces.* Londres/Nova York, Routledge, 1992.

Stromberg, Peter. 1990. "Elvis alive? The ideology of American consumerism". *Journal of Popular Culture,* v.24, n.3, 1990, p.11-9.

Therborn, Göran. *The Killing Fields of Inequality.* Cambridge, Polity, 2013.

Vught, Frans van. "The EU innovation agenda: Challenges for european higher education and research". *Higher Education Management and Policy,* v.21, n.2, 2009, p.13-34.

Voinovich, Vladimir. *Moscow 2042.* Londres, Cape, 1988.

Voltaire. *Candide and Other Stories.* Oxford/Nova York, Oxford University Press, 2008.

Wallace, David Foster. *A Supposedly Fun Thing I'll Never Do Again: Essays and Arguments.* Londres, Abacus, 1998.

Warwick, K. *I, Cyborg.* Urbana, University of Illinois Press, 2004.

Weil, Simone. *Gravity and Grace.* Londres, Routledge and Kegan Paul, 1963.

_____. *Oppression and Liberty.* Londres, Routledge, 2001.

Wertheim, Margaret. "Physics's Pangolin". *Aeon Magazine,* jun 2013.

Žižek, Slavoj. *The Sublime Object of Ideology.* Londres, Verso, 1989.

· Índice remissivo ·

A

abordagem do consenso na solução de problemas, 82

aburguesamento da classe trabalhadora, 155

aculturação, 166-7

adequação cognitiva, 166

Alberti, Leon Battista, 145

alegoria do barro e do oleiro, 132

Alexander, Jeffrey C., 55

alienação, 168-9

alma, 15, 16, 52

    alma imortal judaica, 18-9

    imortalidade da, 18, 23

    nas religiões orientais, 19-21

ambientes sociais, 44, 47, 55, 148

ambivalência, 31-2, 34

amor, substituto eletrônico para o, 107

analogia da vida como uma corrida, 90

Anders, Günther, 25

"antecipação", 69, 137-8, 139, 140, 141, 144-5

arcabouços, 33

Aristóteles, 90

Arquipoeta de Colônia, 171

arte, 63

artesanato, instinto para o, 138

árvores da expectativa de vida, 129-31

Ash, Timothy Garton, 157-8

Ashby, Hal, 112

Austin, John, 46

autenticidade, 57, 90

autoafirmação, 16, 86, 153, 154, 155, 156, 159, 160-1

autoapresentação, 11, 33, 58, 59, 63, 75

autocomposição, 16, 54, 56, 57, 58, 68, 128, 129, 131, 155, 159, 161

    "antecipar" como parte da, 137-8, 139, 140, 141

    trabalho incessante de, 129, 131

autocontrole, 15

autoexpressão, 47-8, 55-6

autonomia, 7, 8, 144, 154

    escolhas autônomas, 126

    perda da, 103

autopreocupação, 15, 16

autoprodução, 68, 131, 152, 159

    direito à, 153

    emulação e, 66-7, 68, 72, 73

    performance como meio de, 55-77, 153-4

    prática da classe média, 155, 156

autorrealização, 11, 34, 78-96
    chances desiguais, 84, 86
    ideia líquida moderna de, 79-80
    kits de montagem, 91
    mapas rodoviários, 79, 83, 122
    negação pelo "sistema", 88
    performances da, 90-1
    tornar-se sujeito social, 89
Avatar, 26

B
Bakhtin, Mikhail, 54
Barthes, Roland, 48
Baudrillard, Jean, 91
Bernstein, Eduard, 80, 82
Bildung, 15, 16
biônica, 27
biotecnologia, 30
Bloch, Ernst, 129, 145
Blow, Charles M., 44-5, 87
Boltanski, Luc, 85
Boorstin, Daniel J., 72
Borges, Jorge Luis, 10-1, 29
Bourdieu, Pierre, 74, 103
Breivik, Anders, 116
bricolagem, 68
Brodsky, Joseph, 71
Brown, Derren, 93, 94
Brynjolfsson, Eric, 96
Buber, Martin, 44, 49, 69
budismo, 19-21, 22, 163
    budismo da Terra Pura, 21
    e sofrimento, 19-20, 66
Burns, Tom, 167-8

C
Calvino, 19
"câmaras de eco", 47, 62, 65, 114, 115
Camus, Albert, 145
capital social, 147
capitalismo, 81, 125
    alternativa ao, 147-8, 149
    encolhimento do, 146-7
caráter, 128, 129-30
Carlin, George, 73
carma, 22-3

cartões de visita, 75
Castronova, Edward, 115
celebridades, 104
    como guias existenciais, 70, 86
    e deidades, 72, 76-7
cérebro:
    artificial, 26
    fazendo upload para o ciberes-
        paço, 29
    interface cérebro-computador,
        25, 26, 29-30
Chesterton, G.K., 19
Chiapello, Eve, 85
ciborguização, 26, 27
Cicero, 15
Clark, Andy, 164
classe média, 81, 154-56
clonagem, 27
cobiça e competição, 87, 90, 117-8,
    148
codificação, 40, 60
código aberto, inovação do tipo, 147
Coetzee, J.M., 90, 91, 95
cogito, 15, 53, 163
Cohen, Daniel, 84
colaboração × competição, 90, 95,
    146-7, 148, 161
comerciais, 73
comodificação, 139
complexo de Prometeu, 25
compreensão mútua, 46, 49
comunidades, 57, 110, 114
    busca de comunidade, 146-7
comuns colaborativos, 147-8, 149
"condição moderna", 72
condomínios fechados, 108
Confúcio, 66-7, 70
consciência, 26
construção da identidade, 75, 121-2
construção de avatares, 62, 63
consumismo, 61, 72, 73, 81, 102, 138,
    139-40, 141, 145, 147, 160
controle, 8
    capacidade de controlar, 125-6
    despersonalização da natureza
        do, 124
    poder e, 121, 123

Índice remissivo

conversão-performance, 67-8, 71
Corão, 19
corpo sem órgãos, 62
correção política, fracassos da, 43
criatividade, 30
cristianismo, 18, 19
Cromwell, Oliver, 79
crowdsourcing, 111, 141, 144
Crozier, Michel, 84
cultura "agorista", 91
cultura animi, 15
cultura, 17-8, 30
currículos universitários, reforma
    dos, 88

D
daltonismo, 43, 44
Dante Alighieri, 157
daoismo, 23, 67, 70
debate político americano, 44-5
decodificação, 40
Deleuze, Gilles, 62
democracia, 83, 87, 126
    conduzida pela cidadania, 159-60
    internet e, 107, 165
    valores meritocráticos, 125
Derrida, Jacques, 63, 68
Descartes, René:
    cogito, 15, 53, 163
    dualidade cartesiana, 15
    sobre uma linguagem universal,
        35, 36
desigualdade de rendimentos, 153-5
desigualdade social, 152-7, 167,
    168-9
    crescimento da, 125-6
    desigualdade de renda, 154
    "o sistema" e a, 168-9
    precariado, 85, 155
desmistificar o mundo, 89
destino, 7, 8, 128, 129, 130
    internalização do, 133
determinação, 128
determinismo tecnológico, 114, 117,
    148

diálogo:
    declínio na habilidade de, 106,
        113
    impedimentos ao, 48-9
    propósito do, 46-7
discurso do ódio, 45, 111
doença do "polegar Blackberry",
    119, 120
doença do cubo mágico, 120
Dostoiévski, Fiódor, 19
Douglas, Mary, 37
drogas, 170
Drucker, Peter, 158
duo cartesiano, 15
Durkheim, Émile, 98, 133

E
ecofazendas, 140
educação, 87-8, 90, 119-20, 122, 156
Ehrenburg, Ilya, The Stormy Life of
    Lasik Roitschwantz, 95
Eindeutigkeit, 30, 36, 38
eleições para o Parlamento Europeu,
    157-9
emulação, 66-7, 68, 72, 73, 142-3
engenharia genética, 27
entes queridos, 85, 164
Épico de Gilgamesh, 28
epistemologia, 10
Epiteto, 86, 89
escolhas coletivas, 125-6
escolhas de vida:
    disponibilidade de, 170
    ver também desigualdade
        social
escrita, 63
esfera pública:
    matriz do poder, 124
    "o sistema" e a, 123-4, 169
espírito exploratório, 31
esquemas, 33
estética japonesa, 142-3
estética ocidental, 142
eternidade, 16, 17, 18
ethos nórdico, 82
"eu" social, surgimento do, 55, 56, 57

eucaristia, 73
exclusão social, 84, 104, 153
excorporação, 138, 160-1
expressões fáticas, 46

F
fadiga de frustração, 158
fastio, 66
fatos sociais, 133-4
fé, perda da, 67
fé e prática religiosas, 68, 90, 91, 97, 98
"fe(i)tiches", 70
felicidade, 72, 134-7, 138-9
    altímetros da, 131
    busca da, 69-70, 133-4, 136, 137, 139, 141
    e emulação, 66
    experiência on-line da, 116
    inatingibilidade da, 66, 69-70
    manutenção da, 20, 133
    materialidade, 134
    no pensamento budista, 20
filosofia hegemônica, 124
Finkielkraut, Alain, 103
Finlândia, 82
física teórica, 36
fisicalismo, 40-1, 43
flexibilidade, 57, 60, 79, 80, 85
forças corporativas, 143-4, 148-9
fordismo, 84, 102
Foucault, Michel, 123, 124
Francisco, papa, 46, 49
Frankfurt, Escola de, 168
Franzen, Jonathan, 100-2
Freud, Sigmund, 69, 133, 139
Frisch, Max, 122

G
Gadamer, Hans-Georg, 44
Gemeinschaft, 110
generatividade, 160-1
gênio incompreendido, 59-60
Giaccardi, Chiara, 138, 160
Goethe, Johann Wolfgang, 66
    Fausto, 69
Goffman, Erving, 55, 91, 121-2

Goodman, Nelson, 142
Google Glass, 65
graça divina, 19
Gramsci, Antonio, 124
gurus, 70

H
Hawking, Stephen, 29
Heidegger, Martin, 14
Helman, Christopher, 134
Heráclito, 69
herança genética, 7
heteroglossia bakhtiniana, 54
hierarquia de riqueza e renda, 154
hinduísmo, 19
história, perpétua construção da, 10
Homo consumens, 102, 103
Homo faber, 102, 103
Houellebecq, Michel, 27
humanismo, 19

I
identidade sincrônica, 69
ideologia neoliberal, 84, 87, 125
igualitarismo, 63, 82, 149
imortalidade, 10, 21, 23-5
    corpórea, 27
    da alma, 18, 23
    medo/pavor da, 28
    solução moderna, 23, 24
incerteza, 8-9, 10, 15
    guerra moderna à, 100
inconveniência, guerra moderna à, 99, 100
individualidade:
    características do self moderno, 14-7, 18
    enredada em múltiplos relacionamentos, 55, 57-8
    padrões em mudança da, 8
    projeto permanente, 16, 56, 68-70, 163, 164
    visão herdada da, 14
individualidade aplicada, 89
individualidade na internet, 57-8, 61-2
individualismo, 18-9, 35, 95, 160, 162-3

Índice remissivo

indústria farmacêutica, 140
infelicidade, 134, 135-6, 157-8, 159
Inferno, 18
informática digital, 103, 109, 120
insignificância, 17, 67, 71
Instituto Legatum, 134-6
instrumentalismo, 90
interação:
    o self como determinante da, 75
    o self como produto da, 69
interioridade, 39, 40, 41, 42, 43-4, 48,
    50, 53-4
internet:
    condomínio fechado, 108
    culto religioso, parentesco
        com, 97, 98-9
    democracia e, 107, 165
    maldição da, 103, 104-12
    poder de autoaperfeiçoamen-
        to, 118
    sabedoria e estupidez, amplia-
        ção da, 115
    uso por militantes e extremistas
        da, 111, 114
    viciados tendentes ao crime, 116
    vício, 104, 116-7, 120, 122
    vínculos humanos e, 106, 110-1
    "zona de segurança", 113, 114-5,
        117-8
inveja de Prometeu, 25
islã, 19
iteração, 68
Itskov, Dmitri, 26

J
Jakobson, Roman, 40, 48
Jastrow, Joseph, 36
Jobbik, 157
Johnson, Lyndon, 155
Jonas, Hans, 29
Joyce, James, *Dublinenses*, 54

K
Kant, Immanuel, 136
kata, 142-3
Kaufmann, Jean-Claude, 63

Kay, Paul, 39
Kempton, Willet, 39
kibbutzismo, 144

L
Laplace, Pierre-Simon de, 10
Latour, Bruno, 70, 165
Law, John, 118
Lawson, Neal, 159-60
Leach, Edmund, 30-1, 42
Lebenswelt, 31, 109, 120, 160
Lego, 132
Leibniz, Gottfried Wilhelm von, 68
Levinas, Emmanuel, 56
Levine, David, 149
Lévi-Strauss, Claude, 30, 48, 68
liberdade, 17, 127, 128, 137
    coletiva, 162
    individual, 81, 149, 162, 163
Lincoln, Abraham, 159
linguagem:
    ambiguidade, 36, 37, 38
    autoexpressão e, 47-8
    bate-papo, 48, 150
    externalidade, 47-8, 50
    função representacional, 38
    interferência no processo de
        percepção, 39
    interioridade e, 40, 41, 42, 43-4,
        48, 50
    limites da, 30-2, 33-4, 39, 42-3
    linguagem universal, 36
    relação da individualidade
        com a, 29, 30-1, 33-54
    tarefa comunicativa, 38, 42, 43
    variabilidade estrutural, 38-9
Lotman, Yuri, 34, 38
Lukes, Steven, 92, 93
luta por identificação, 122

M
Magatti, Mauro, 138, 160
Malinowski, Bronisław, 46
Marcuse, Herbert, 92, 140
marketing, 139
massificação da educação superior, 88

May, Todd, 28-9
McAfee, Andrew, 96
McLuhan, Marshall, 57
Mead, George Herbert, 56, 57, 74
memória coletiva, 24
meritocracia, 63, 125, 155, 156
metalinguagens, 47
Mises, Ludwig von, 170
moda, 61, 74
modernidade:
    história da, 13, 14
    modernidade líquida, 24, 61, 72,
        76, 77, 79, 80, 81, 85, 103
    visão científica da verdade, 13
modernidade líquida, 24, 61, 72, 76,
    77, 79, 80, 81, 85, 103
Morse, código, 40
mortalidade:
    reconhecimento da, 17, 21, 28-9
    respostas iniciais à, 27-8
morte, 21, 28-9
    ver também imortalidade;
        mortalidade
Muito além do jardim (filme), 112-3
multitarefas, 105, 109-10
música, 41, 52, 53, 148, 149, 150

N
nacionalidade, 50, 51
nacionalismo, 51
não equilíbrio, 151
"não self", 163
niilismo, 22
nirvana, 20
Nugent, Ted, 45-6, 49
Nussbaum, Martha, 161
Nye, Joseph, 103

O
Obama, Barack, 45
oligarquia, retorno à, 125
Orange, Richard, 116

P
paciência, perda da, 105
Panofsky, Erwin, 142

papel-moeda, introdução do, 118
Paraíso, 18, 20
Pascal, Blaise, 17-8, 67, 71
pecado, 18, 19
Peirce, Charles S., 74
perfeição:
    estado de perfeição, indeseja-
        bilidade do, 141-2, 145
    estética, 142
perlocuções, 46
Pessoa, Fernando, 51-2, 53, 54
Pico della Mirandola, Giovanni, 14
Piketty, Thomas, 125
Pinker, Steven, 39
pintura medieval, 16
Platão, 90
Plath, David, 80
poder, 92
    controle e, 121, 123
    duro/suave, 103, 144
    forças corporativas, 143-4, 148-9
    fractalidade do, 124
    modelo capilar do, 124
    modelo tridimensional do, 93
política conduzida pelo cidadão,
    158-9
política horizontal, 107
posições de orador, 48-9
pós-modernidade, 24
precariado, 85, 155
predestinação, 79, 94
Prigogine, Ilya, 9, 10, 11, 151
Primavera das Nações (1848), 51
projet de la vie, 78, 133
publicidade, 73, 103

Q
quietismo, 22

R
realidade:
    continuidade da, 30-1
    incapacidade da linguagem de
        descrever, 29-30, 32
    realidade permeada de TI, 63
    realidade subatômica, 36

Índice remissivo

realidade subatômica, 36
recessão global, 153-4
redes sociais, 57, 58, 62-3, 77, 103-4, 111, 114, 165
reencarnações, 19, 21
relatividade geral, 36-7
Rifkin, Jeremy, 146-8
riqueza herdada, 125
Rubino, Carl, 10
Ruiyan, 171

S
Saint-Éxupéry, Antoine de, 107, 186
"sair", 117
"salas de espelhos", 47, 62, 115
salvação, 19, 20
santos, 70, 72
Sapir-Whorf, hipótese de, 39
Sarkeesian, Anita, 141
Sartre, Jean-Paul, 78, 133
savoir-vivre, 85
Scalfari, Eugenio, 46
Schleiermacher, Friedrich, 59, 60
self autêntico, 50, 51
selves conectados, 97-126
> *ver também* internet; redes sociais

semiótica cultural, 34
Sen, Amartya, 153
Sennett, Richard, 46, 51, 161
ser e estar no mundo, 120-1, 146
Shannon, Claude, 39-40
Sieyès, abade, 156
significação, atos de, 67
Simmel, Georg, 56, 60
simulacro, 91
sinceridade, 90
"sistema, o", 92, 168-9
> comportamento "natural", 169
> criação e satisfação de necessidades ilusórias, 140
> cumplicidade com, 140-1
> desigualdade social e, 168-9
> distinção "sistema"/esfera pública, 123-4, 169-70
> interesses do, 169

oposição povo/"sistema", 123-4
> poder e, 123-4

sistema de classes e antagonismos, 63, 155
sistemas de dissipação, 151
smartphones, 119
socialismo, 80, 82
sociedades mutualistas, 144
Sócrates, 15, 86
sofrimento, 19-20, 66
solidão, 104
solidariedade, 161
Sperber, Dan, 34
Spivak, Gayatri, 49
Stalker, G.M., 167-8
Standing, Guy, 85, 155
startups e projetos culturais, 141, 143, 148-9, 166-7
Steinbeck, John, 106
Stickney, Anne, 116
Stiglitz, Joseph, 152, 154, 156
Strathern, Marilyn, 81
Stromberg, Peter, 72
subjetividade, 39, 53
sujeito cartesiano, 15, 53, 163
Syriza, 158

T
Taylor, Frederic, 102
tecnologia, 24-30, 164-5
> biotecnologia, 30
> como extensão do self, 100
> interação corpo-tecnologia, 119, 120
> interação mente-tecnologia, 119
> interface cérebro-computador, 25, 26, 29-30
> "o sistema" e, 169
> objetivos ambíguos da, 165
> opções, determinação de, 119, 148
> possibilidades libertadoras da, 65, 96
> probabilidades de escolha, realinhamentos das, 114, 116, 117, 129

reajustes e reposicionamentos à, 120
redundância de habilidades e, 88, 96
saltos tecnológicos, 119
ver também informática digital; internet
teia de significados, 35
televisão, 62, 104, 110
tempo, relação do self com o, 16, 17-8
tempo de atenção, diminuindo, 91, 105-6
tensão ondas-partículas, 36, 37
teoria do tudo, 36
teoria dos quanta, 36-7
terremoto de Lisboa (1755), 100
Therborn, Göran, 152-3
Tomás de Kempis, 67, 70
    Imitação de Cristo, 16
totalitarismo, 22, 165
transcendência, 30
turistas, 85
tzadiks, 70, 96

U
Ukip, 158
Ulisses, 10
universos on-line e off-line, 57-8, 61-2, 63, 64-5, 78-9, 105, 112-3
    performances da individualidade on-line, 61-2
    viagem entre, 64-5, 99, 112-3
    virtudes reais e potenciais, 109
    ver também internet

V
vagabundos, 85
valores iluministas, 50, 88
Veblen, Thorstein, 138
verdade, visão científica da, 13
vestemas, 48
"vida ainda não determinada", uma, 149
vínculos humanos, 99
    comunidades, 57, 110, 114, 146-7
    impacto da internet sobre os, 106-7, 110-1
    variedade em rede dos, 114
visão holística do self humano, 11
viver voltado para o futuro, 145
Voinovich, Vladimir, *Moscow 2042*, 91, 92
Voltaire, *Zadig ou o destino*, 94, 95
Vught, Frans van, 87, 90
Vygotsky, Lev, 35

W
Wallace, David Foster, 62
Warwick, Kevin, 25
Weber, Max, 35
Weil, Simone, 20, 101-2, 119
Wertheim, Margaret, 36, 40
Wilson, Deirdre, 34
Wittgenstein, Ludwig, 41, 42
World of Warcraft, comunidade, 116, 117

Z
Žižek, Slavoj, 67, 71

ESTA OBRA FOI COMPOSTA POR MARI TABOADA
EM AVENIR E MINION E IMPRESSA EM OFSETE PELA
GRÁFICA PAYM SOBRE PAPEL PÓLEN SOFT DA SUZANO S.A.
PARA A EDITORA SCHWARCZ EM AGOSTO DE 2021

A marca FSC® é a garantia de que a madeira utilizada na fabricação do papel deste livro provém de florestas que foram gerenciadas de maneira ambientalmente correta, socialmente justa e economicamente viável, além de outras fontes de origem controlada.